中学校 数学

「主体的に学習に取り組む態度」の学習評価完全ガイドブック

『数学教育』編集部 編

本書には月刊誌『数学教育』2021年12月号を増補，編集した内容が含まれています。

JN041888

明治図書

Contents

第1章

「主体的に学習に取り組む態度」の
学習評価のポイント

山梨大学　清水宏幸

1　生徒が自ら問題に取り組めるような授業の工夫をする

　「主体的に学習に取り組む態度」をどのように評価していけばよいかを模索しているという先生の声をよく聞きます。学習評価の仕方を考えることは大切ですが，評価だけが一人歩きすることのないようにしなければなりません。重要なのは，「数学的な見方・考え方を働かせ，数学的活動を通して」行う学習指導を確立することです。その際に，単元を通して，できるだけ問題解決の場面を設定し，生徒が自ら問題に挑戦したいという気持ちをもてるような題材や発問をあらかじめ計画したいところです。その教師の意図的な単元構想があって，はじめて生徒の主体的に学習に取り組む態度を測れるものと思います。

　ここでは，ポイントとして2つ提案します。1つめは，**単元で学習する内容を「問い」で構成すること**です。このことに関しての具体例は，「3観点の新しい学習評価　『指導と評価の一体化』を目指す学習評価」（清水，2021）に詳しく書いたのでご参照ください。2つめは，**知識・技能を習得することをねらった授業における課題提示の工夫**です。教師が例題を説明し問題演習をするという授業でも，前時の授業での既習事項を確認し，本時に新しく学習する内容が前時とどのように違うのか，本時で身に付ける知識・技能はどういうものであるかなどを生徒と確認したうえで課題を提示する，といった課題に取り組む意味を生徒が意識できるような指導が大切です。例えば，第1学年において，$9x - 7 = 4x + 13$の形の方程式の解き方を学ぶ場面では，「前時に$ax = b$を学習しているので，等式の性質（移項も既習）を基にして，$9x - 7 = 4x + 13$をすでに解けることを学んだ。$ax = b$の形に変形するにはどうすればよいか」という課題が設定できます。教科書を見れば，その通りに授業が流れるように設定されているのですが，それを暗黙のうちに進めていくのではなく，教師があえて生徒に投げかけ，意識化して問題に取り組ませたいところです。このように生徒の意欲付けをしたうえで授業を行うことにより，学習評価において，生徒の取り組む様子のどこ（この場合は，机間指導やノート記述から$9x - 7 = 4x + 13$を$ax = b$の形に変形して解を求めることを，手順を明確にして実行，記述しているかどうか）を見ればよいかが明確になります。

2 2つの側面で見ていく

　主体的に学習に取り組む態度の評価については，知識及び技能を獲得したり，思考力，判断力，表現力等を身に付けたりすることに向けた**粘り強い取組を行おうとする側面**と，その中で**自らの学習を調整しようとする側面**の２つの側面から評価することが求められるとされています。これまでの「関心・意欲・態度」の観点で行われた評価として，発言の回数や宿題の提出の有無などで評価するだけでなく，生徒が自分の学習を振り返って，どこがわかって，どこがまだよくわからないかを自分なりに理解すること，学習したことを基に，次はどのようなことをやってみたいかなど，学習の自己診断と学習方略を生徒の言葉で表出できるようにし，それを学習評価の対象としていくことが大切になります。

　ここで，この２つの側面を難しく考え過ぎず，授業の中で生徒が自分の考えを発表したり，記述したり，友だちの考えと比較し，自分の考えを相対化したりする場面を設定し，ねらいに沿って，この２つの側面に関する生徒の反応をあらかじめ想定し，それに合わせて評価することが大切です。

3 評価規準を思考・判断・表現に対応するようにつくる

　『学習評価の在り方ハンドブック』（国立教育政策研究所，2019）では，主体的に学習に取り組む態度の評価は，「知識・技能」や「思考・判断・表現」の観点の状況を踏まえたうえで評価を行う必要があると述べています。この観点の評価規準を作成するとき，とりわけ，**思考・判断・表現の評価規準と対応するようにつくること**を提案します。ノート記述や学習感想等でこれら２つの観点を同時に見取ることができ，負担も軽減できます。

　以下では，第２学年の図形領域の図形の合同の単元における評価規準の例について述べることとします。次の表のように「図形の合同」を３つの小単元と単元のまとめで構成し，その中の小単元１「合同な図形」の４時間目から６時間目に焦点を当てます。

　単元の構成と，小単元１の評価規準は，次の通りです。

小単元等	授業時間数	
1．合同な図形	6時間	
2．三角形	8時間	27時間
3．平行四辺形	12時間	
単元のまとめ	1時間	

知識・技能	思考・判断・表現	主体的に学習に取り組む態度
①平行線や角の性質を理解している。 ②多角形の角についての性質が見いだせることを理解している。	①基本的な平面図形の性質を見いだし，平行線や角の性質を基にしてそれらを論理的に確かめ，説明することができる。	①平行線や角の性質を見いだしたり，理解したりしようとしている。 ②基本的な平面図形の性質について学んだことを生活や学習に生かそうとしている。

小単元1の4〜6時間では，評価の計画を次のように設定します。

時間	ねらい・学習活動	重点	記録	備考
4	・三角形の内角の和が180°であることを，論理的に筋道を立てて説明することができるようにする。	知 思	○	知①：行動観察 思①：行動観察，ノート
5	・三角形の内角，外角の性質，多角形の内角の和，外角の和の性質を使って，角の大きさを求めることができるようにする。	知 思	○	知①②：行動観察 思①：行動観察，ノート
6	・角の大きさの求め方を，補助線や根拠となる図形の性質を明らかにして説明することができるようにする。	知 思 態	○ ○	知①②：行動観察，ノート 思①：行動観察，ノート，レポート 態①②：ノート

この4〜6時間目の「思考・判断・表現」と「主体的に学習に取り組む態度」の評価規準は次のように設定しています。

4〜6時間目までの「思考・判断・表現」の評価規準

評価	評価の視点
「おおむね満足できる」状況（B）	問題に対して，1つの考えで解決（証明）でき，その解決（証明）の仕方を説明できるかどうかを見取る。
「十分満足できる」状況（A）	問題に対して，複数の考えで解決（証明）でき，その解決（証明）の方法を説明できるかどうかを見取る。

4〜6時間目までの「主体的に学習に取り組む態度」の評価規準

評価	評価の視点
「おおむね満足できる」状況（B）	問題に対して，解決（証明）しようとしているか，また，その解決（証明）の仕方を説明しようとしているかどうかを見取る。
「十分満足できる」状況（A）	問題に対して，複数の考えで解決（証明）しようとし，友だちの考えを踏まえてその解決（証明）の方法を説明しようとしているかどうかを見取る。

※説明しようとしているかどうかの態度を見取るので解決の正誤は問わない。

4 学習を振り返る場面を設定する

生徒が自らの学習の過程を振り返る場面を設定し，その記述から学習に対して自己調整する姿を読み取ることが考えられます。授業の最中に生徒が自分でノートに記録している内容，授

業の終わりに書く学習感想の記述内容，小単元や単元の終了時に書く内容等から評価を行うことが考えられます。**すべての場面で記述を求めるのではなく，単元を通して適切な場面を選んで計画することが大切**になります。これは，振り返る対象を明確にするためです。今まさに学習している最中に生徒自身が考えたことを記述する場面，一つひとつの授業終わりに，その1時間の学習過程や結果を振り返って記述する場面，そして，まとまった学習をひと通り終えたときに記述する場面等を適切に設定し，記録を取ることが考えられます。そのとき，「おもしろかった」「わからなかった」というだけの感想ではなく，**間違えたところについて，例えば，「なぜ間違えてしまったのか」「どこに気付かなかったのか」「どこをどうすればよかったのか」などを具体的に記述できるようにすることが大切**です。振り返りを学習感想と呼ぶのはそのような意図が込められています。なお，この学習感想を評価材として用いるには，記述の内容を段階に当てはめて評価することを提案している（中村，1993）の以下の段階を参考としたいところです。

1段階　楽しい，また勉強したい，わからないという言葉がでてくる（客体化）
2段階　どこがわかったか，どこにつまずいたかを書く（内省）
3段階　友だちの考えを書く（相対化）
4段階　自分の考えについて見直している記述が見られる（思考の深化）

　よく書けている学習感想は，次の時間の最初に紹介し，それを見習って生徒が書けるように指導することが考えられます。

5　気付いた点を記録しておく

　評価のための記録を取る際は，単元を通して計画的かつ意図的に行うのですが，記録を取ることが予定されていない普段の授業でも，よい考えを述べた発言，グループで協働して問題を解決する姿勢，友だちの考えに共感し自分の考えを改めるような言動等，気付いた点を簡単なメモとして記録することが大切です。この観点の評価は，**生徒の言動等の事実に基づいて，よいところ，関心や意欲の方向性を評価することが基本**となるからです。

【引用・参考文献】
・国立教育政策研究所（2019）『学習評価の在り方ハンドブック　小・中学校編』
・国立教育政策研究所（2020）『「指導と評価の一体化」のための学習評価に関する参考資料　中学校数学』
・清水宏幸（2021）「3観点の新しい学習評価　『指導と評価の一体化』を目指す学習評価」（『数学教育』編集部編『中学校数学新3観点の学習評価完全ガイドブック』，pp.6-12，明治図書）
・中村享史（1993）『自ら問う力を育てる算数授業　新しい学力観と教師の役割』明治図書

事例で全単元を徹底解説！
「主体的に学習に
取り組む態度」の
学習評価

正の数・負の数

基準を変えながら，工夫して平均を求めよう！

1 単元について

①目標
● 正の数・負の数についての基礎的な概念や原理・法則などを理解するとともに，事象を数理的に捉えたり，数学的に解釈したり，数学的に表現・処理したりする技能を身に付ける。
● 数の範囲を拡張し，数の性質や計算について考察することができる。
● 正の数，負の数について，数学的活動の楽しさや数学のよさを実感して粘り強く考え，数学を生活や学習に生かそうとする態度，問題解決の過程を振り返って評価・改善しようとする態度を身に付ける。

②評価規準

知識・技能	思考・判断・表現	主体的に学習に取り組む態度
・正の数と負の数の必要性と意味を理解している。 ・自然数や整数，素数，正の数と負の数の大小関係，符号，絶対値の意味を理解している。 ・正の数と負の数の四則計算をすることができる。 ・具体的な場面で正の数と負の数を用いて表したり処理したりすることができる。 ・1 より大きい自然数を素因数分解することができる。	・算数で学習した数の四則計算と関連付けて，正の数と負の数の四則計算の方法を説明することができる。 ・数の集合と四則計算の可能性を調べ，その関係を考察することができる。 ・正の数と負の数を活用して様々な事象における変化や状況を考察し説明することができる。 ・自然数を素数の積として表すことにより，約数，倍数などの整数の性質について捉え直すことができる。	・正の数と負の数の必要性と意味を考えようとしている。 ・正の数と負の数について学んだことを生活や学習に生かそうとしている。 ・正の数と負の数を活用した問題解決の過程を振り返って検討しようとしている。

③指導計画と主な評価の観点

節	時	指導内容	学習内容	主な評価の観点		
				知・技	思・判・表	態度
正の数，負の数	1 2	符号の付いた数	−の付いた数はどのような意味で使われているか考えよう	○		○

	3	数の大小	数の大小を比べる方法を考えよう	○		○
加法と減法	4 5 6	加法	正の数，負の数のたし算の仕方を考えよう	○	○	
	7 8	減法	正の数，負の数のひき算の仕方を考えよう	○	○	
	9 10	加法と減法の混じった式の計算	加法と減法の混じった式の計算の仕方を考えよう	○	○	
乗法と除法	11 12 13	乗法	正の数，負の数のかけ算の仕方を考えよう	○	○	
	14 15	除法	正の数，負の数のわり算の仕方を考えよう	○	○	
	16 17	四則の混じった式の計算	加法，減法，乗法，除法の混じった式の計算の仕方を考えよう		○	○
正の数，負の数の活用	18	正の数，負の数の活用	正の数，負の数を活用して，身の回りの問題を考えよう		○	○
	19	章の問題	教科書の練習問題に取り組み，学習内容の習熟を図ろう	○		○

2 「主体的に学習に取り組む態度」の評価事例（第18時）

①概要

　本時は，単元「正の数・負の数」（全19時間）の第18時に当たります。第17時までに，正の数，負の数の四則計算の仕方，四則の混じった計算の仕方について学習しています。

　本時である第18時では，日常の事象の問題に対して，正の数，負の数を活用しながら工夫して平均を求めることを目指します。小学校で平均の求め方を学習していますが，発展的な内容として何かを基準とし，工夫しながら平均を求める方法を学習している場合があります。本時では，負の数を活用することができるため，より求めやすい基準値を設定することが可能になるため，その結果として，負の数や負の符号のよさに気付くことができる1時間になります。

②本時の目標と評価規準

目標

　正の数，負の数を活用して，日常の事象の問題を解決しようとする態度を身に付ける。

評価規準

・仮平均となる基準値を定め，正の数と負の数を使って平均を求めるなど，日常の様々な事象を表したり処理したりすることができる。

・設定した基準値からの増減を調べ目標の達成状況を把握するなど，様々な事象における変化や状況を正の数と負の数を使って考察し表現することができる。

・正の数，負の数を活用して基準の個数とその週の個数との差を表し，平均を求めようとしている。また，正の数と負の数を使った問題解決の過程を振り返って検討し，よりよい方法を考えようとしている。

③問題

> ある学級でリサイクル運動のためにペットボトルのキャップを集めることになりました。1年間で5000個を集めることを目標にしました。そこで，集めた個数を毎週記録することにすると最初の6週間の記録は次のようになりました。
>
> | | 第1週 | 第2週 | 第3週 | 第4週 | 第5週 | 第6週 |
> |---|---|---|---|---|---|---|
> | キャップの個数 | 156 | 148 | 149 | 150 | 157 | 152 |
>
> このようなペースでキャップを集めていくと，1年間で5000個のキャップを集めることができるでしょうか。

④授業展開

1　平均を求める必要性に気付く

　この問題では，1年間で5000個のキャップを集めることができるかを判断するために，6週間の記録から1年間に集まるキャップの個数を予測することが求められています。もし，5週間の記録であれば，すべてたして7倍することで35週間後の個数を予測することができます。しかし，示された記録は6週間の記録ですから，この方法にはなかなか気が付きません。また，各週の個数にばらつきがあるため，1週間の平均を求めることが必要になります。

T　1年間で5000個のキャップを集めることはできると思う？

S　できると思う。でも，夏休みや冬休みがあるしなぁ…。

S　う～ん，わからないなぁ。1年間って何週あるんだろう？

T　じゃあ，1年間に35週あるとして考えていこう。
　　ところで，最初の6週間の集まり具合を見て，どう思う？

S　だいたい同じくらいの個数が集まってるかも。150個くらいかな。

T　正確な数を求めるにはどうしたらよいかな？

S　1週間あたりの平均を求めたらいいんじゃないかな。

2　工夫して平均を求める方法を考える

　第1週から第6週までのキャップの個数をすべてたして，6でわることで平均を求めることはできます。まずはこの平均の求め方を確認し，実際に平均を求めます。

T　平均の求め方ってどうやるんだっけ？

S　全部たして，わるといい。

T　この場合はどうなる？　計算してごらん。

　　（生徒に考えさせ，Aさんに黒板に平均を求める式を書いてもらう）

T　Aさん，どうやって平均を求めたのか説明してくれるかな。

A　156＋148＋149＋150＋157＋152＝912　　912÷6＝152

T　平均は，（キャップの合計数）÷（週の数）で求められるから，152個だね。

3　それぞれの平均の求め方を説明する

　次に，他に平均を求める方法はないか，工夫して求めることはできないかと生徒に投げかけます。小学校では平均の求め方としてAさんの方法を学習しますが，中には発展的な学習として，きりのよい数を基準として求めたり，一番小さい数を基準にして求めたりする方法を学習しているときがあります。そのため，基準を150として負の数を活用しながら考えることに抵抗を感じたり，負の数を用いることができることに気付かないことがあります。

　まずは，きりのよい数100を基準にして求めたBさん，一番小さい数148を基準にして求めたCさんの考え方を紹介します。

Bさん

	第1週	第2週	第3週	第4週	第5週	第6週
キャップの個数	156	148	149	150	157	152
100との差	56	48	49	50	57	52

　56＋48＋49＋50＋57＋52＝312　　　312÷6＝52　　　100＋52＝152

Cさん

	第1週	第2週	第3週	第4週	第5週	第6週
キャップの個数	156	148	149	150	157	152
148との差	8	0	1	2	9	4

　8＋0＋1＋2＋9＋4＝24　　　24÷6＝4　　　148＋4＝152

T　Bさんはどのように工夫したのかな？　求め方を説明してごらん。

B　私は，100を基準にして，それぞれの個数から100をひいた数を使って平均を求めました。

T　なるほどなぁ。Cさんはどのように工夫したの？　求め方を説明してください。

C 私は，一番個数が少ない148を基準にしてみました。それぞれの個数から148をひいた数の平均を求めて，それに148をたして152とわかりました。

T なぜ148を基準にしたの？

S 全部148を上回っているから。だから，その差を求めることができる。

T なるほど。今の2人の説明を聞いて，共通していることは何かな？

S 何かを基準にしている。

T そうだね。2人は100や148を基準にしたけど，他に何か基準にできる数はないかな？

S う～ん…，150を基準にすると下回るやつも出てしまうなぁ。

T 150を基準にすると下回るやつも出てしまう…，150よりも下のやつって表せないの？

S あっ！

　すでに150を基準として求めている生徒がいるかもしれませんが，多くの生徒は150を基準として，負の数を利用しながら個数を表すことに抵抗を感じます。そのため，この場面こそが本単元で学習した負の符号が役に立つことや負の数のよさに気付くことができる大切な場面になります。負の数を利用することで，150を基準として平均を求めることができるからです。生徒は，負の数を利用することにより基準設定の幅が広がり，より簡潔に平均を求めることが可能になることを実感します。また，授業ではあえて平均の求め方を間違えたDさんを取り上げます。正の数，負の数で基準との差を表すとき，その合計数が小さくなるために，わることを忘れてしまう生徒が多くなるからです。今後のためにも，あえて誤答を取り上げます。

Dさん

	第1週	第2週	第3週	第4週	第5週	第6週
キャップの個数	156	148	149	150	157	152
150との差	＋6	－2	－1	0	＋7	＋2

＋6－2－1＋0＋7＋2＝12　　　150＋12＝162

D 150を基準として，正負の数でその差を表すと表のようになります。これらをすべてたすと12なので，150に12をたして162になりました。

T みんなはどう思う？

S 平均は152になったはず。おかしいなぁ…。

S 12をさらに6でわらないといけないんじゃないかな？

S 12を6でわると2。これを基準の150にたすと，152になる！

⑤「主体的に学習に取り組む態度」の評価

　本時の主体的に学習に取り組む態度にかかわる評価規準は，「正の数，負の数を活用して基

準の個数とその週の個数との差を表し，平均を求めようとしている。また，正の数と負の数を使った問題解決の過程を振り返って検討し，よりよい方法を考えようとしている」です。

　このことを評価するために，以下の2つの活動を位置付けます。

❶正の数，負の数を活用して基準との差を表し，工夫して平均を求める活動

❷4つの平均を求める方法を比較し，よりよい方法について記述する活動

　❶については，まずは，個人で工夫して求める自力解決の活動場面において，150を基準として平均を求めようとしているかを評価します。❷については，正の数，負の数を活用することで150を基準とすることができることを確認した後の活動を評価します。具体的には，授業で配付する学習シートの中に，次の問いに対する生徒の考えを記述させ，評価します。

> 　Aさん，Bさん，Cさんの求め方と比べて，Dさんの求め方のよさは何ですか。
> 　また，Dさんが工夫したところを書きなさい。

　なお，授業はすべて学習シートを使用して行います。生徒は，途中の計算や考え方等も含め，すべて学習シートに記述しています。それらの記述が，生徒自身の思考のみによるものか，板書を写しただけのものか，学び合いによる気付きによるものかなども見取り，主体的に学習に取り組む態度の評価に加味します。

　以下は，学習シートの記述例と評価の視点の例と，❷の生徒の記述例です。

評価	評価の視点
「おおむね満足できる」状況（B）	・150を基準とすることができることに他者の発話から気付き，平均を求めようとしている。 ・簡潔に平均を求められる理由を説明しようとしている。
「十分満足できる」状況（A）	・150を基準として各週の個数を正の数，負の数で表し，平均を求めようとしている。 ・150を基準とすることで，より簡潔に平均を求めることができる理由を明確に説明しようとしている。

「おおむね満足できる」（B）の記述例

　数値が小さくて計算がやりやすい。工夫したところは，正の数，負の数を利用しながら150を基準として各週の個数を表したところ。

「十分満足できる」（A）の記述例

　150を基準とすることで，より小さい数で各週の個数を表すことができる。また，正の数，負の数で表しているから合計も簡単に求めることができて，平均が求めやすい。

（大友　正純）

文字と式

規則性を見いだし，新たな問題へつなげよう！

1 単元について

①目標

●文字を用いた式についての基礎的な概念や原理・法則などを理解するとともに，事象を数理的に捉えたり，数学的に解釈したり，数学的に表現・処理したりする技能を身に付ける。

●文字を用いて数量の関係や法則などを考察することができる。

●文字を用いた式について，数学的活動の楽しさや数学のよさを実感して粘り強く考え，数学を生活や学習に生かそうとする態度，問題解決の過程を振り返って評価・改善しようとする態度を身に付ける。

②評価規準

知識・技能	思考・判断・表現	主体的に学習に取り組む態度
・文字を用いることの必要性と意味を理解している。 ・文字を用いた式における乗法（積）と除法（商）の表し方を知っている。 ・文字を用いた式の文字に数を代入して，その式の値を求めることができる。 ・簡単な一次式の加法と減法の計算をすることができる。 ・数量の関係や法則などを文字を用いた式に表すことができることを理解している。	・具体的な場面と関連付けて，一次式の加法と減法の計算の方法を考察し表現することができる。 ・文字を用いた式を活用して，具体的な事象を考察し説明することができる。	・文字を用いることの必要性と意味を考えようとしている。 ・文字を用いた式について学んだことを生活や学習に生かそうとしている。 ・文字を用いた式を活用した問題解決の過程を振り返って検討しようとしている。

③指導計画と主な評価の観点

節	時	指導内容	学習内容	主な評価の観点		
				知・技	思・判・表	態度
文字を使った式	1 2	文字の利用	文字を使って式に表してみよう		○	○
	3 4	文字を使った式の表し方	文字の積や商の表し方について理解しよう	○		
	5 6		様々な事象を文字式で表してみよう	○	○	
	7	代入と式の値	様々な文字に具体的に数を代入して計算してみよう	○		○
文字式の計算	8 9	一次式の計算	文字式に含まれる数や文字の意味を考えよう	○	○	
	10 11 12		文字式の四則演算について理解しよう	○		
	13	計算の確認問題	教科書の練習問題に取り組み，学習内容の習熟を図ろう	○		○
文字式の利用	14 15	数の表し方	文字を用いて，数の性質や特徴について調べてみよう		○	○
	16 17	数量の表し方	数量の間の関係を等式や不等式で表し，考察してみよう		○	○
	18	章の問題	教科書の練習問題に取り組み，学習内容の習熟を図ろう	○		○

2 「主体的に学習に取り組む態度」の評価事例（第14時）

①概要

　本時は，単元「文字と式」（全18時間）の第14時に当たります。第7時までに，文字の意味や文字を使うことの意義を学習し，第8時から第13時までは，文字式の計算や処理の仕方について学習しています。

　第14時以降では，これらの学習の上に立ち，文字式を利用して，生徒の身の回りにある事象の数量に着目し，その事象の性質や特徴を探究していきます。本時である第14時はその導入であり，数学的に表現したり，またそれを処理したり，説明したりする力を付けていきます。

②本時の目標と評価規準

目標

　規則性のある事象を文字を用いた式に表そうとする態度，解決したことを振り返り新たな問題に発展させようとする態度を身に付ける。

評価規準

・碁石の個数を表す式を複数表現したり，表現されたものについて説明したり，共通点や相違点を見いだしたりすることができる。

・碁石の個数を文字を用いた式に表そうとしたり，解決したことを振り返り新たな問題へ発展させようとしている。

③問題

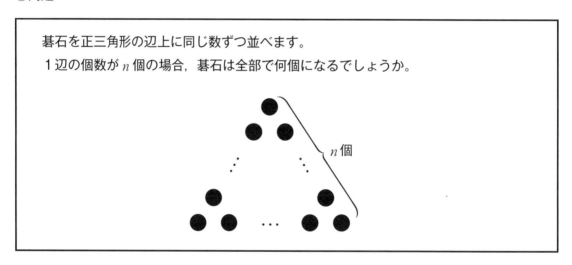

碁石を正三角形の辺上に同じ数ずつ並べます。
1辺の個数が n 個の場合，碁石は全部で何個になるでしょうか。

n 個

④授業展開

1　問題の規則性を見いだし，見通しをもつ

　はじめから n 個の場合を考えるのではなく，1辺が2個，3個，4個…など，具体的な数のときにどのように求められるかを考察させます。そうすることによって，碁石の総数が求めやすくなり，そのため方法の妥当性を生徒自ら確認することができます。

T　図をかけば碁石の総数を数えることはできますが，数が大きくなったり，n 個のときでは，考えることが難しくなります。どのように考えればよいでしょうか？

S　文字を用いて考えればいい。

T　文字を用いていくアイデアが出ましたが，どこに着目して考えますか？

S　1辺の碁石の増え方に規則性があるから，碁石の総数の増え方にも規則性があるはず。

T　では，まず規則性に着目して考えてみましょう。4個や5個など，具体的な場面で考えて
みましょう。

2　文字を用いて碁石の総数を表現する

　見いだした規則性を基にして，文字を用いた式で表現していきます。例えば，1辺の個数が
4個の場合，下のような図を用いて，「4×3－3」という式で個数を表現する生徒がいるで
しょう。

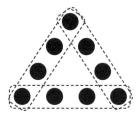

　このように考える生徒に対しては，「5個の場合は？」など，1辺の碁石の個数を変えたと
きに式がどのように変わるかに着目させます。

　生徒たちの理解の程度によっては，4個や5個の場合の考え方を一度全体で共有することも
考えられます。単元上の位置付けとしては，文字式の利用になるので，基本的には n 個の場
合の考え方をメインに扱うようにします。

3　多様な表現を比較検討し，文字を用いた式に対する理解を深める

　生徒から出される様々な考え方を共有し，比較検討します。授業時数との兼ね合いもありま
すが，できる限り生徒からのアイデアは取り上げたいものです。

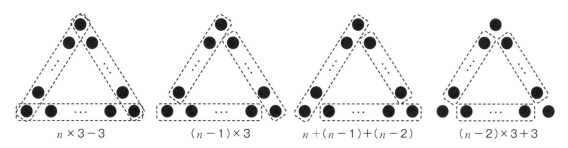

$n \times 3 - 3$ 　　　　$(n-1) \times 3$ 　　　　$n + (n-1) + (n-2)$ 　　　　$(n-2) \times 3 + 3$

　これらの考え方を共有することで，文字を用いた式に対する理解を深めていきます。生徒の
実態に応じて，授業者の方から別のアイデアとして（あるいは別のクラスの生徒のアイデアと
して）提示することも考えられます。また，考え（思考）と式（表現）がリンクしていること
などにも触れられるとよいでしょう。

　考え方（プロセス）はそれぞれ異なりますが，最終的に表している碁石の総数は同じである

ことを確認します。この考え方は，この後の方程式での活動の際にも，例えば表現が異なるが同じ量を表している2つの多項式を等号で結ぶというアイデアにつながっていきます。

T　みなさんが考えて表現した式が，これだけ出てきました。さて，これらの考え方は，式自体は異なりますが，表現しているものも異なりますか？
S　碁石の総数を表していることは同じ。
S　文字式を計算すれば，すべて同じ「$3n-3$」になる。

4　思考過程を振り返り，新たな問題へ発展させる

　正三角形の解決過程や自分の思考過程を振り返り，例えば正方形に並べた場合，正五角形に並べた場合はどうなるかなどについて考えさせます。生徒から新たな問題設定の方向性を発散的にあげさせるようにしましょう。大切なのは，今考えた問題の条件をきちんと捉え，条件を変えればどうなるのかという視点をもつことです。この視点は，論証指導において深い学びを実現させるために必要なものにもなります。

⑤「主体的に学習に取り組む態度」の評価

　本時は，文字式の“活用”に位置付く授業ですが，学んだことを直ちに活用していくのは，生徒にとって容易なことではありません。しかし，活用しようとする態度は評価したいものです。文字を用いた式に正しく表現できるかどうかは「思考・判断・表現」で評価する対象となります。したがって，本観点では，正しさにとらわれることなく，積極的に文字を用いて表現しようとしているかをみる必要があります。

　加えて，本時については，新たな問題設定に対する姿勢も「主体的に学習に取り組む態度」として評価したいところです。解決し終えた問題やその解決過程を振り返り，条件や特徴を適切に捉えなければ，新たな問題の設定は難しくなります。新たな問題の“質”的な部分はこの観点では着目せず，どのように自ら深い学びへとつなげることができているかを見取るようにします。

　これらを見取るためには，①授業中の行動観察，②授業ノート等の記述，③学習感想等振り返りの記述が記録として有効になります。①に関しては，普段の授業から「考えたことや疑問に思ったことは，小さなことでも授業ノートに記述しよう」と指導すると，②に含まれることになります。

　次ページが，授業ノートの記述に対する評価と評価の視点の例です。

評価	評価の視点
「おおむね満足できる」状況（B）	1辺の碁石の数を擬変数的に扱いながら考えている様子が見受けられる。また，与えられた条件や自身の思考過程に関連して，新たな問題を設定しようとしている様子が見受けられる。
「十分満足できる」状況（A）	文字を用いて式に表現しようとしている様子が見受けられる。また，与えられた条件や自身の思考過程から具体的に結び付けた新たな問題を設定しようとしている様子が見受けられる。

> 正三角形では，碁石の総数が $3n-3$ で表されることがわかった。今度は正三角形ではなく，正方形や正五角形に碁石を並べた場合も考えてみたいと思った。

「おおむね満足できる」状況（B）の記述例

この生徒は，正三角形という条件に着目している様子が見受けられます。その条件を変えて，正方形や正五角形にするという方向性を示している点は評価ができます。ただし，実際にどうなるかまで踏み込んで記述できていないという理由から，「おおむね満足できる」状況（B）と判断しました。

> 正三角形では，碁石の総数が $3n-3$ で表されることがわかった。正三角形ではなく，正方形で考えたらどうなるだろうか。正三角形のときに $(n-1)\times 3$ で表されていた考え方と同じように考えると，
>
>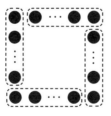
>
> で $(n-1)\times 4$ になる。

「十分満足できる」状況（A）の記述例

この生徒は，（B）の生徒よりもより具体的に解決過程を示そうとしています。特に，"同じように考える"という点が具体的に説明されている点が評価できます。"同じ"が感覚的なものなのか，それとも何かしら根拠があっての"同じ"なのかを，記述から判断する必要があります。換言すれば，自分自身（あるいは他の生徒）の思考過程を振り返って新たな問題につなげられているかの視点で見ていることになります。以上のような点から，このような記述であれば，「十分満足できる」状況（A）であると判断できます。 （新井　健使）

方程式

既習の方程式の解き方を振り返り，自分の解き方を改善しよう！

1　単元について

①目標

● 一元一次方程式についての基礎的な概念や原理・法則などを理解するとともに，事象を数理的に捉えたり，数学的に解釈したり，数学的に表現・処理したりする技能を身に付ける。

● 文字を用いて数量の関係や法則などを考察することができる。

● 一元一次方程式について，数学的活動の楽しさや数学のよさを実感して粘り強く考え，数学を生活や学習に生かそうとする態度，問題解決の過程を振り返って評価・改善しようとする態度を身に付ける。

②評価規準

知識・技能	思考・判断・表現	主体的に学習に取り組む態度
・方程式の必要性と意味及び方程式の中の文字や解の意味を理解している。 ・簡単な一元一次方程式を解くことができる。 ・等式の性質と移項の意味を理解している。 ・事象の中の数量やその関係に着目し，一元一次方程式をつくることができる。 ・簡単な比例式を解くことができる。	・等式の性質を基にして，一元一次方程式を解く方法を考察し表現することができる。 ・一元一次方程式を具体的な場面で活用することができる。	・一元一次方程式の必要性と意味及び方程式の中の文字や解の意味を考えようとしている。 ・一元一次方程式について学んだことを生活や学習に生かそうとしている。 ・一元一次方程式を活用した問題解決の過程を振り返って検討しようとしている。

③指導計画と主な評価の観点

節	時	指導内容	学習内容	主な評価の観点		
				知・技	思・判・表	態度
方程式とその解き方	1	方程式とその解①	まだわかっていない数量を求める場面で，算数で学んだ内容を振り返りながら，方程式の必要性を理解しよう	○		○
	2	方程式とその解②	方程式とその解の意味を理解し，文字に値を代入して方程式の解を求めよう	○		○
	3	等式の性質	具体物の操作等を通して等式の性質を知り，一次方程式を解く方法について考察し，表現しよう	○	○	
	4	方程式の解き方①	移項することで，一次方程式を能率的に解くことができることを理解しよう	○		
	5	方程式の解き方②	移項して一次方程式を解こう	○		
	6	いろいろな方程式①	かっこ，小数を含む一次方程式を解こう	○		
	7	いろいろな方程式②	分数を含む一次方程式を解こう	○		○
方程式の活用	8	方程式の活用①	算数で学んだことを比較することなどを通して，方程式を活用して問題を解決しよう	○		
	9	方程式の活用②	方程式を個数と代金に関する問題など具体的な場面で活用することを通して，問題の中の数量やその関係に着目し，一元一次方程式をつくろう	○	○	
	10	方程式の活用③	過不足の問題など具体的な場面で，方程式を活用して問題を解決しよう	○	○	
	11	方程式の活用④	速さに関する問題を解決することを通して，方程式を用いて求めた解が問題に適しているかどうかを考え，説明しよう		○	
	12	比例式とその活用①	比例式の性質を知り，それを用いて比例式を解こう	○		
	13	比例式とその活用②	比例式の性質を利用して具体的な問題を解こう		○	○
学習のまとめ	14	学習のまとめ①	小単元で学習したことがどの程度身に付いているかを自己評価しよう	○	○	
	15	学習のまとめ②	単元全体の学習内容についてのテストに取り組み，単元で学習したことがどの程度身に付いているかを自己評価しよう	○	○	○

2 「主体的に学習に取り組む態度」の評価事例（第7時）

①概要

　本時は，単元「方程式」（全15時間）の第7時に当たります。第6時までに，小数を含む一次方程式の解き方まで学習しており，生徒たちは既習内容を振り返って，一次方程式を解く方法についてわかったことや疑問などをまとめています。この学びを踏まえ，本時では，ある生徒が解いた一次方程式の解き方よりもよりよい方法はないか検討します。このことをきっかけにして，自分が十分に習得できていない内容や方法を自覚し，自らの学習を調整しながらより確かな知識及び技能となるように改善していく活動を行います。

　本時である第7時の評価規準は，「一次方程式について学んだことを学習に生かそうとしている」であり，本事例においては，このことを評価するために，既習の一次方程式の解き方を振り返り，自分の解き方を改善する場面を設定するとともに，方程式を解くためのポイントやその理由を書かせ，今後の学習に生かせるようにします。

②本時の目標と評価規準

目標

　分数を含む一次方程式を解く活動を通して，既習の一次方程式の解き方を振り返り，自分の解き方を改善しようとする態度を身に付ける。

評価規準

・係数に分数を含む方程式を解くことができる。
・一次方程式について学んだことを学習に生かそうとしている。

③問題

分数を含む方程式を右のように解きました。
他の解き方を考えよう。

$$\frac{3}{2}x - 4 = \frac{1}{2}x + 7$$

$$\frac{3}{2}x - \frac{1}{2}x = 7 + 4$$

$$\frac{2}{2}x = 11$$

$$x = 11$$

---

④授業展開

1　既習の一次方程式の解き方を基に，答えを導き出す

　式を板書し，1行ずつ生徒とのやりとりを通して問題を提示します。移項が使われていることや分数を書くときの留意点について確認します。その後，「解き方は，1通りだけですか？他の解き方はないのかな？」と発問し，個人思考の時間を取ります。その中で，①途中の式を書くこと，②行が変わっていくときにどのような操作をしたのかを明確にすること，③1つの方法だけではなく他の方法も考えることを伝えます。

T　今までに学習してきたことで，この問題にも使えることはないかな？
S　分数を小数に直して計算できる。
S　2倍して計算できる。
　（教師が指名をして，生徒が解き方を黒板にかく）

解き方①
小数に直して計算する
$$1.5x - 4 = 0.5x + 7$$
$$10(1.5x - 4) = 10(0.5x + 7)$$
$$15x - 40 = 5x + 70$$
$$10x = 110$$
$$x = 11$$

解き方②
両辺を2倍して計算する
$$2\left(\frac{3}{2}x - 4\right) = 2\left(\frac{1}{2}x + 7\right)$$
$$3x - 8 = x + 14$$
$$3x - x = 14 + 8$$
$$2x = 22$$
$$x = 11$$

2　解き方を比較し，よりよい方法を探ろうとする

　解き方①，解き方②について，解がいずれも同じことを確認し，式変形の流れを発表させます。解き方を比較し，よりよい方法を探ろうとする態度を育成することが大切です。

T　それぞれの解き方を確認してみよう。
S　小数に直して計算しても答えは同じだ。
S　10倍することは習った。
S　2倍の2はどこからきたのかな。

3　自分の考えを他者へ説明する

　「解き方①と解き方②を比較するとき，共通点は何だろう」という課題を設定し，自分の考えを他者へ伝えることを通して，一次方程式の解き方のよさを実感させます。ペアやグループで交流を行い，全体発表の場面では生徒が発表した言葉を大切に拾い上げ，キーワードを板書

します。整数に直して計算することのよさを強調するために，小数に直せない分数にも気付かせます。

T　共通点は何ですか？
S　分配法則が使われている。
S　何倍かされている。
S　整数に直そうとしている。
T　整数に直した理由は何ですか？
S　計算が楽になる。
S　小数に直せない分数もある。

4　分数が含まれている式を整数に直す方法を確認する
　「次の方程式にどのような数をかけると，分数をすべて消すことができるだろうか？」と発問し，次の3つの一次方程式を提示します。複数の方程式を提示することで，分母の公倍数をかける必要性に気付かせることが大切です。

①$\dfrac{2}{3}x - 1 = \dfrac{1}{2}x + 3$　　　②$\dfrac{1}{2}x - 1 = \dfrac{4}{5}x - 4$　　　③$\dfrac{3}{4}x + 2 = \dfrac{5}{6}x - 1$

5　ポイントを振り返り練習問題を解く
　他者からの意見や板書されたキーワードから，自分自身にとっての分数を含む一次方程式を解く際のポイントを整理し，そのポイントを書いた理由を書かせます。その後，4の①〜③の方程式及び教科書の問題を，整理したポイントを意識しながら取り組むように促します。

⑤「主体的に学習に取り組む態度」の評価
　本時の主体的に学習に取り組む態度にかかわる評価規準は，「一次方程式について学んだことを学習に生かそうとしている」です。
　このことを評価するために，以下の2点の活動を位置付けます。

❶比較を通して共通点に着目させた後，自分なりに考察し，他者と伝え合う活動
❷よりよい解き方に向けて，問題を解くための方法のポイント等を考えて記述する活動

　❶については，いくつかの考えを比較することにより，共通点を見いだし，よりよい解き方に粘り強く取り組んでいく態度を養うために大切な活動です。また，他者の考えに触れることによって，理解が深まったり，自分に取り入れたい考えに出合ったりするなどの自己の変容を

自覚しやすくなり，学んだことを次の学習に生かそうとする態度をはぐくむために重要な活動です。

❷については，本時の授業を振り返り，よりよく問題を解決するためのポイントや理由について，振り返りシートに記述させます。なお，この記述内容は，記録に残す評価とします。

以下は，振り返りシートの記述に対する評価と評価の視点の例です。

評価	評価の視点
「おおむね満足できる」状況（B）	本時の学習を振り返り，問題を解決するポイントを記述している。
「十分満足できる」状況（A）	本時の学習を振り返り，問題を解決するポイントとその理由を記述している。

日付 10/21	分数を含む方程式を解くポイントと理由
今まではすぐに移項して解いていたけれど，時間もかかるし，間違える可能性があるので，分数を整数に直してから方程式を解くようにする。両辺にかける数は分母の最小公倍数が一番簡単！	

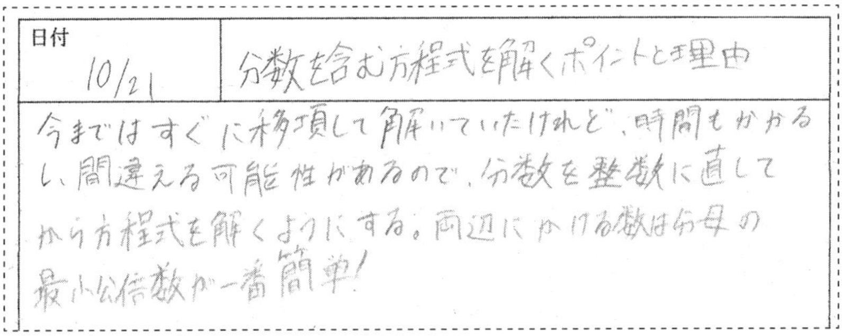

「十分満足できる」状況（A）の記述例

本時の学習とこれまでの自己の学習を振り返り，問題を解決するためのポイントとその理由についてが書かれていることから，「十分満足できる」状況（A）と判断しました。

日付 10/21	分数を含む方程式を解くポイントと理由
・分母の公倍数をかけて解くことが大切！ ・かける時は約分に気を付ける ・（　）をつかってかけるとできる。	

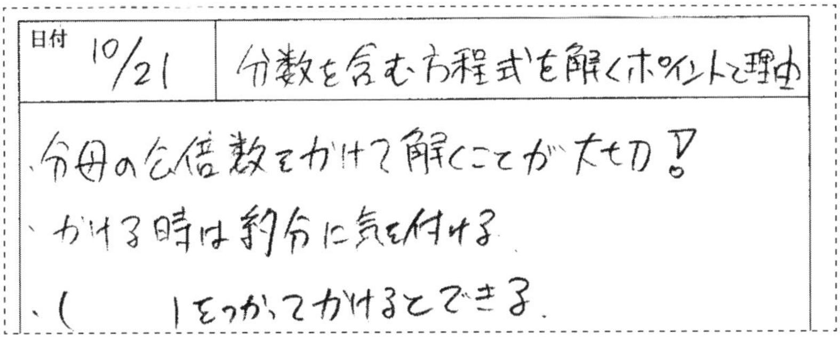

「おおむね満足できる」状況（B）の記述例

本時の学習で学んだ問題を解決するためのポイントを記述していますが，理由が不十分であることから，「おおむね満足できる」状況（B）と判断しました。

（若松　拓郎）

1年 関数

比例・反比例

反比例のグラフでは，どんな特徴になるのかな？

1 単元について

①目標

- ●比例・反比例についての基礎的な概念や原理・法則などを理解するとともに，事象を数理的に捉えたり，数学的に解釈したり，数学的に表現・処理したりする技能を身に付ける。
- ●数量の変化や対応に着目して関数関係を見いだし，その特徴を表，式，グラフなどで考察することができる。
- ●比例・反比例について，数学的活動の楽しさや数学のよさを実感して粘り強く考え，数学を生活や学習に生かそうとする態度，問題解決の過程を振り返って評価・改善しようとする態度を身に付ける。

②評価規準

知識・技能	思考・判断・表現	主体的に学習に取り組む態度
・関数関係の意味を理解している。 ・比例・反比例について理解している。 ・座標の意味を理解している。 ・比例・反比例の関係を表，式，グラフ等に表すことができる。	・比例・反比例として捉えられる2つの数量について，表，式，グラフなどを用いて調べ，それらの変化や対応の特徴を見いだすことができる。 ・比例・反比例を活用して様々な具体的な事象を捉え考察し表現することができる。	・比例・反比例の必要性と意味を考えようとしている。 ・比例・反比例について学んだことを生活や学習に生かそうとしている。 ・比例・反比例を活用した問題解決の過程を振り返って検討しようとしている。

③指導計画と主な評価の観点

節	時	指導内容	学習内容	主な評価の観点		
				知・技	思・判・表	態度
関数,量の変化	1	伴って変わる2つの数量	どのようなときに関数と言えるのだろう			○
	2	2つの数量の関係の調べ方	値の範囲はどこまでだろう	○		
比例,反比例	3	比例と反比例の意味	どういう関係のときに比例，反比例と言えるのだろう	○		
	4	比例と比例定数,変域が負の数の場合	この2つの数量の関係はどうなっているだろう。また，小学校のときとの違いは？	○		
	5	反比例と比例定数,変域が負の数の場合	反比例の場合でも変域を負の数にまで広げるとどうなるのだろう	○		
	6	座標	グラフ上の点の場所の表し方を考えよう	○		○
	7	比例と反比例のグラフ①	比例のグラフの特徴を考えよう		○	
	8	比例と反比例のグラフ②	反比例のグラフのかき方と特徴を考えよう		○	○
	9	比例・反比例の式の求め方	比例・反比例の式の求め方を考えよう	○	○	
関数の利用	10	身の回りの問題	視力0.05のランドルト環のつくり方を考えよう		○	○
	11	グラフの読み取り	2つのグラフからどんなことが読み取れるだろう		○	○
	12	他の関数との関連	伴って変わる2つの数量はどんな関数になっているのだろう		○	○
	13	面積の求め方	グラフ上にある座標を利用してどのように求められるだろう	○		
まとめ	14	振り返り問題	単元で学習したことが身に付いているかな	○	○	
	15	サポート問題	単元で学習したことが身に付いているかな			○
	16	単元テスト	単元で学習したことが身に付いているかな	○	○	

2 「主体的に学習に取り組む態度」の評価事例（第7・8時）

①概要

　本時は，単元「比例・反比例」（全16時間）の第7・8時に当たります。前時までに，関数関係の意味，比例・反比例関係の意味，変域，座標について学習しており，生徒たちは既習内容を振り返って，負の数に拡張した座標についてわかったことや疑問などを「授業用プリントノート」にまとめています。この学びを踏まえ，本時では，いくつかの比例あるいは反比例の

グラフをかき，それぞれのグラフを比較してその特徴について検討します。このことをきっかけにして，比例・反比例について比例定数や変域が負の数ではどうなるのかをさらに理解し，自らの学習を調整しながらより確かな知識及び技能となるように改善していく活動を行います。

②本時の目標と評価規準

目標

　既習の比例・反比例を振り返り，比例定数がどんな値をとるかでグラフの特徴をつかみ，相違点などをまとめようとする態度を身に付ける。

評価規準

・比例・反比例のグラフをかくことができる。

・比例・反比例のグラフの比較を通して，その特徴を理解することができる。

・比例・反比例のグラフについて学んだことを学習に生かそうとしている。

③問題

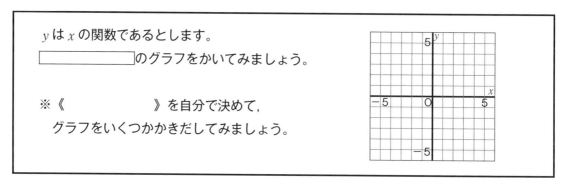

④授業展開

1　問題を把握し，解決の見通しをもつ

　教師が生徒と確認しながら，比例，反比例の順に提示します。

T　☐☐☐☐☐☐☐の中にはどんな用語が入りますか？

S　「比例」です。「反比例」という用語も入ります。

T　では，《　　　　　　》はどう？

S　《比例定数》を自分で決めて，グラフをかくってことですね。

T　まずは比例から行いましょう。比例定数を2つほど全体で決めましょうか。

　比例定数を全体で確認する際，負の数の範囲に広げて考えてもよいのかという質問が上がることもあるでしょう。その中から $y = 2x$ と $y = -\dfrac{1}{2}x$ を取り上げることを確認します。

T　では，他にも４つ程度比例定数を決め，式にし，それぞれのグラフをかいてみよう。

　グラフをかく時間を５分程度取ります。早めにできた生徒に黒板にかかせたり，電子黒板に投影したりします。

T　では，いくつかのグラフを比較し，比例のグラフにはどんな特徴があるかまとめてみよう。

2　各自で考えたことをペアやグループで検討する
　続いて，各自でかいたグラフを比較し，ペアやグループで確認し合います。確認する前に，比例のグラフの特徴をまとめる際にどのような場合で分けた方がよいか，見通しをもってから取り組ませます。例えば，「比例定数が…」とその後にどのような特徴をまとめるのかを示すなど，数学の用語をわかりやすく使ってまとめていこうと促します。その後，教師は机間指導を行い，ペアまたはグループでどのようなことが話し合われているか，その傾向をつかみます。各ペア，グループで確認し終えたら，グループごとにホワイトボードに書き込ませ，十分に時間を取ったら全体共有の時間をもちます。

3　全体で考えを共有する
　見つけた特徴を発表させて黒板に掲示します。共通していることや仲間分けできることなど，他者の考え方にも目を向け，自分にとって必要な捉え方を取り入れているかどうかを見取るようにします。

4　確認問題を解きながらポイントを考える
　いくつかのグラフを見て，どんな式になるのかという問題に取り組み，その場で採点します。本時で確認した比例のグラフの特徴をしっかり捉えているかを見取る問題です。

5　ポイントを振り返り，授業用プリントノートに整理する
　確認問題で手立てが必要な生徒がいる場合は，ICT（GeoGebra，GRAPES など）を活用し，比例定数をいろいろと変えたグラフを見せることで，比例定数の値とその傾きの関係を深めさせます。比例定数が正の数，負の数でどんな違いがあったか，共通していることはどんなことだったかをしっかりまとめさせることが重要です。最後に次時（第８時）の学習内容に触れ，

「反比例のグラフはどんな特徴があるのかな？」と投げかけ，比例のグラフと同様，比例定数がどんな値をとるかでその特徴をまとめることを確認して終わります。

⑤ 「主体的に学習に取り組む態度」の評価

ここでの評価規準は，「比例・反比例のグラフについて学んだことを学習に生かそうとしている」です。このことを評価するために，第8時では，小学校で既習である反比例のグラフも，比例定数や変域が負の数の範囲に拡張するとどんな特徴が見られるのか，比例と比較しながら振り返り，自らの学習を調整・改善する場面を設定します。

まず，前時（第7時）の比例に続いて，反比例のグラフの概形とその特徴をまとめます。最初はよくありがちな直線的なグラフをかく生徒，グラフの概形（双曲線）はかけているけれどx軸付近やy軸付近のグラフがかけない生徒が多いでしょう。そのようなグラフの誤りをまずはグループで指摘し合い，それを共有しながら改善する活動（友だちの考え，気付いたことをメモする）を通して，グラフをかく際の注意点を整理します（グループで指摘することがなければ，他のグループで出たことを伝えたり，教師主導で進めたりしてもよいでしょう）。

次に，全体で反比例のグラフの特徴を共有し，前時と同様，見つけた特徴を黒板に掲示して共有させます。

そして，「『自分自身にとっての反比例のグラフをかく際のポイントや反省点』をあげ，その理由や気を付けるべきことを書きましょう」と投げかけ，これまでの学習の振り返りを記述させます。例えば，「式から表をかくときに，xの変域を整数だけしか考えていなくて，その結果，グラフの形が中途半端になり，きちんと特徴を表すことができなかった」という反省点をあげている場合，「xの数をもっと広げたり，0.1，0.01などもっと細かい値をxに代入したりして，x軸やy軸付近をもっと確認し，グラフは軸に近付くけれど決して交わることはないということに気を付ける」といったように，ポイントや反省点に正対した内容が書かれていれば，「十分満足できる」状況（A）と判断できます。

また，「努力を要する」状況（C）になりそうな（授業用プリントノートに何も書けない）生徒には，机間指導の際に，黒板や教師用タブレットを見せながら「比例定数をいろいろと変えたグラフはどんな特徴だと思いますか？」などと問いかけ，振り返りを促します。

以下は，評価の視点の例と実際の生徒の評価例です。

評価	評価の視点
「おおむね満足できる」状況（B）	グラフをかき，その特徴をまとめている。
「十分満足できる」状況（A）	（B）に加えて，反比例のグラフをかくときの注意点に基づいてグラフを修正したり，グループや全体で共有したことを自分の考えの修正に生かしたりしている。

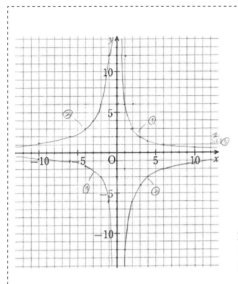

【個人思考】
・原点を通らない曲線になっている。
・比例定数が正の数のグラフは曲線が第1象限と第3象限を通っていて、負の数のグラフは、曲線が第2象限と第4象限を通っている。

【グループメンバーとの共有】
・比例定数が大きい→原点からとおい
　　〃　　小さい→原点から近い

【振り返り】
反比例のグラフをかくときは、原点を通らない曲線でかくこと、x軸やy軸と絶対に重ならないとかくことがポイントになると思った。グラフは変域がないと永遠にのびる、という特徴に気がつかなかった。それは、自分がグラフをかくときに途中でとめていたからだと思った。

「十分満足できる」状況（A）の記述例

　この生徒は，「振り返り」で記述している通り，当初は反比例のグラフの特徴や変域について理解していなかったのですが，グループ共有後にグラフをかくときの注意点やその特徴に気付いて自己調整していることから，「十分満足できる」状況（A）と判断しました。

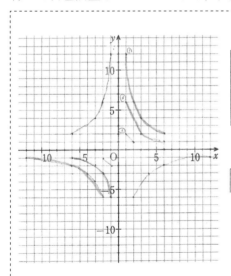

【個人思考】
・曲線のグラフになっている○原点を通らない
・公約数を用いてグラフを書く
・比例定数が負の数のときは第一・第三象限を通らない
　　　　　正の数　〃　第二・第四象限を通らない。

【グループメンバーとの共有】
反比例のグラフは無限にx・y軸に近づくが交わることはない。

【振り返り】
私は反比例のグラフを書くときに座標の点をうつことに気をつけたい。

「おおむね満足できる」状況（B）の記述例

　この生徒は，反比例のグラフの特徴をまとめていますが，グループメンバーと共有したことがグラフの修正に反映されておらず，「振り返り」の記述も十分ではないことから，「おおむね満足できる」状況（B）と判断しました。

（大川　哲史）

平面図形

面積を求めやすい図形へ
変形しよう！

1 単元について

①目標

- ●平面図形についての基礎的な概念や原理・法則などを理解するとともに，事象を数理的に捉えたり，数学的に解釈したり，数学的に表現・処理したりする技能を身に付ける。
- ●平面図形の構成要素や構成の仕方に着目し，図形の性質や関係を直観的に捉え論理的に考察することができる。
- ●平面図形について，数学的活動の楽しさや数学のよさを実感して粘り強く考え，数学を生活や学習に生かそうとする態度，問題解決の過程を振り返って評価・改善しようとする態度を身に付ける。

②評価規準

知識・技能	思考・判断・表現	主体的に学習に取り組む態度
・角の二等分線，線分の垂直二等分線，垂線などの基本的な作図の方法を理解している。 ・平行移動，対称移動及び回転移動について理解している。 ・//，⊥の記号を用いて2直線の位置関係を表したり，∠，△の記号を用いて角や三角形を表したりすることができる。 ・弧や弦の意味を理解し，おうぎ形の弧の長さ，面積などを求めることができる。	・図形の性質に着目し，基本的な作図の方法を考察し表現することがきできる。 ・図形の移動に着目し，2つの図形の関係について考察し表現することができる。 ・基本的な作図や図形の移動を具体的な場面で活用することができる。	・平面図形の性質や関係を捉えることの必要性と意味を考えようとしている。 ・図形の移動や基本的な作図など平面図形について学んだことを生活や学習に生かそうとしている。 ・図形の移動や基本的な作図を活用した問題解決の過程を振り返って検討しようとしている。

③指導計画と主な評価の観点

節	時	指導内容	学習内容	主な評価の観点		
				知・技	思・判・表	態度
直線と図形	1	直線と角，垂直と平行	平面上の直線と角，2直線の特別な位置関係を表そう	○		
	2	三角形	三角形を示された辺の長さや角の大きさでかこう	○		
移動と作図	3	図形の移動	図形の平行移動，回転移動，対称移動について理解しよう	○		
	4	図形の移動の作図	図形を対称の軸，回転の中心と回転角などによって移動させよう	○		
	5	図形の移動の組合せ	日本の伝統模様の中にある図形がどのように移動しているか説明しよう		○	
	6	図形の移動の活用①	図形の移動を活用して，幾何学模様をデザインしよう		○	○
	7	垂直二等分線の作図	垂直二等分線の作図の方法を考えよう	○		
	8	角の二等分線の作図	角の二等分線の作図の方法を考えよう	○		
	9	垂線の作図	任意の点を通る直線の垂線の作図の方法を考えよう	○		
	10	基本の作図の組合せ	75°の角を作図しよう		○	○
	11	小単元の問題	教科書の練習問題に取り組み，学習内容の習熟を図ろう	○		○
円とおうぎ形	12	円の弧と弦，接線	円の弧と弦，接線について理解し，円の接線を作図する方法を考えよう	○		
	13	πを用いた円の計量	円周率をπで表して，円周の長さや円の面積を求めよう	○		
	14	おうぎ形の計量①	おうぎ形の弧の長さと面積を求めよう	○		
	15	おうぎ形の計量②	おうぎ形の中心角を求めよう	○		
	16	おうぎ形の計量③	おうぎ形の面積$=\dfrac{1}{2}×$弧の長さ×半径 となることを導こう		○	
	17	図形の移動の活用②	図形の移動を活用して，面積が求めやすい図形に変形しよう		○	○
章のまとめ	18	章の問題	教科書の練習問題に取り組み，学習内容の習熟を図ろう	○		○

2 「主体的に学習に取り組む態度」の評価事例（第17時）

①概要

　本時の学習は図形の移動の活用です。本節「円とおうぎ形」では，円とおうぎ形の基本的な性質について理解し，おうぎ形の計量の仕方を学習します。また前節では，図形の移動の性質の理解や作図，図形の移動に着目した幾何学模様等の考察により，その理解を深めています。本時では，これらの学習を関連付け，図形の移動を活用して簡単に図形の面積を求める方法を検討します。このとき，所与の図形の一部分をどのように移動するとより簡単に面積を求められる図形へ変形できるかを明らかにしていく姿を期待します。すなわち，学んだことを意図的に活用しようとしている態度を評価します。

②本時の目標と評価規準

目標

　目的に応じて図形を移動し，図形の移動のよさに気付くとともに，図形の移動を活用しようとする態度を身に付ける。

評価規準

・面積を求められる図形に変形するために，図形の移動を活用することができる。

・より簡単に面積が求められる図形に変形するために，図形の移動を活用しようとしている。

③問題

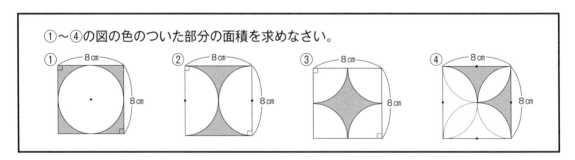

①～④の図の色のついた部分の面積を求めなさい。

④授業展開

1　直ちに自力解決をする

　問題は直観的に把握できるので，問題をプリントで配付し，直ちに自力解決とします。この間にまずは黒板に図を掲示し，続けて机間指導を行います。早く問題解決できた生徒に，①は式と答えを，②，③，④は答えのみでよいことを伝え，板書を任せます。

2　図形の移動の見方によってすべての図を統合的に捉える

はじめに問題の答え合わせを済ませます。次いで，以下のように，すべて答えが同じになる理由を問うことで，図形の移動に着目して，①～④の図を統合的に捉えていきます。

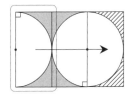

T　①～④は，なぜすべて同じ答えになるのですか？
S　例えば，②だったら，半分にした片方を平行移動すれば，①と同じ図形になります（図1）。
　　（同様に③④も図形の移動によってすでに同じと見た図形のいずれかに変形できることを確認し①～④を統合的に捉えていく）

図1　図形の左半分を平行移動

T　まとめると，どんなことが言えますか？
S　①～④の図形は，図の一部分を移動するとすべて同じ図形と見ることができるので，同じ面積になると言えます。

3　面積が求めやすい変形の仕方を検討し，どのような図形の移動か明確にする

①～④の図を統合的に捉えた過程を振り返り，直観的に変形できるだけでなく，どのような図形の移動であるかを明確にしていきます。そうした図形の移動を説明できることこそが，本単元で学んだことの活用であることを教室全体で確認します。

T　④の問題。もし，もう一度解くとしたら，どのように解きたいですか？
S　私は，②の図形に変形して解きたいです。②なら，正方形から円（半円2つ）をひけばよいことが簡単にわかります。
T　それはどんな移動と言えますか？
S　回転移動です。右の色のついた部分を，正方形の対角線の交点を回転の中心として，右回りに90°回転させます。
S　対称移動でもできます。正方形の対角線を対称の軸にします。
T　なるほど。このように「どんな図形の移動か」をはっきり説明できるようにしたいですね。

4　練習問題に取り組む

この後は練習問題です。おうぎ形の弧の長さや面積を求めることだけでなく，簡単に面積を求めるための積極的な図形の移動の活用を意図します。そこで，図2のような問題群をプリントで配付します。机間指導では，「（面積を求める式は）なぜこの式になるのですか？」と問いかけていき，どのような図形の移動をしたのか，生徒が明確にできるよう支援します。

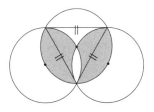

図2　3円の半径が8cmのとき，色のついた部分の面積は？

5 評価の視点等を共有し，自己評価をする

　最後にパフォーマンス課題（図3）で評価をします。このとき，事前に評価，評価の視点，採点基準（表1）は生徒と共有しておきます。つまり，教師が評価するだけでなく，生徒自身も自己評価できるようにします。自己評価を仕組むことで，授業の振り返りにおいて，学習の調整が図られることを期待します。

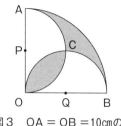

図3　OA＝OB＝10cmのとき，色のついた部分の面積は？

⑤「主体的に学習に取り組む態度」の評価

　本時の評価規準は，「より簡単に面積が求められる図形に変形するために，図形の移動を活用しようとしている」です。このことを評価するために，当初の問題における練り上げの場面での発言，練習問題の取組状況，評価問題における解答を形成的に捉えていきます。

　まず，練り上げの場面では，図形の移動を明確にしながら目的に応じて活用する視点を全体で共有します。また，「もし，もう一度解くなら」と，再考の機会を設定し，より簡単に面積が求められる図形に変形するために図形の移動を活用しようとする手本となる態度を確認します。続く練習問題の取組では，そうした態度が発揮できているかを見取っていきます。多くの生徒は，どんな図形の移動をしたかについて，図へのかき込みはあっても，いちいち記述することはないでしょう。そこで，「なぜその式で面積が求まるのですか？」「どのように考えたのですか？」などと問いかけることで，口頭による図形の移動の説明を求めます。そうした発言に対して，「なるほど，（簡単に面積が求められる図形の移動となっていて）いいですね」などと価値（よさ）を認めるとともに，記述による説明を促します。

　授業の終末には，評価問題で本時の総括的な評価を行います。このとき，面積を求めるための式がポイントとなります。例えば，「$\pi \times 10^2 \times \frac{90}{360} - 10 \times 10 \div 2$」のような式が書かれていれば，

表1　評価，評価の視点，記述例（生徒用には記述例の項目は採点基準のみを示す）

評価	評価の視点	記述例　※は採点基準
「おおむね満足できる」状況（B）	目的（問題解決）のために，図形を移動しようとしている。	$\pi \times 10^2 \times \frac{90}{360} - 10 \times 10 \div 2$ ※適切な式が書けている。
「十分満足できる」状況（A）	目的のために，図形を移動しようとしている。また，それがどんな移動であるかを説明しようとしている。	⌒COで囲まれる部分をOCで等分し，それぞれ点Cを回転の中心として90°の回転移動をさせれば， $\pi \times 10^2 \times \frac{90}{360} - 10 \times 10 \div 2$ ※面積を求める図形に変形する説明と面積を求める式が適切に書けている。

おうぎ形から三角形をひいたと考えたはずであり，図形を移動させこの図形に変形したことがうかがえます。よって「おおむね満足できる」状況（B）です（図4）。さらに，「点Cを中心に回転移動しました」のように，具体的にどんな移動をしたのかについての記述があれば，考え方の説明ができているため，「十分満足できる」状況（A）と判断できます。後には証明における記述につながるように，図がなくとも伝わる表現での説明が理想的ですが，この時点では，矢印などをかき加えた図で補完できていれば十分です（図5）。一方，「努力を要する」状況（C）になりそうな生徒ですが，もしかすると，図形の移動を活用し図形を変形することはできているものの，面積を求める式が立てられないため，式が書かれていない可能性があります。そこで，「図形のどの部分を移動させればうまくいきそうですか？」と問い直し，その移動の様子を図にかき込むことを促します。そうした図や口頭によるやりとりで，図形の移動を活用しようとしているかどうかを確認していきます。こうして，あくまでも図形の移動を活用しようとすることに焦点を当てた評価を行います。図形の移動を活用していることが確認できれば，おうぎ形の面積を求める公式などは教えてしまっても構わないでしょう。

　なお，本時の振り返りからどのように学習の調整を図ろうとするかを見取ることができる可能性があります。評価問題と合わせて主体的に学習に取り組む態度の評価に生かせるでしょう。

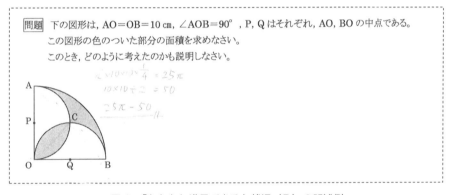

図4　「おおむね満足できる」状況（B）の記述例

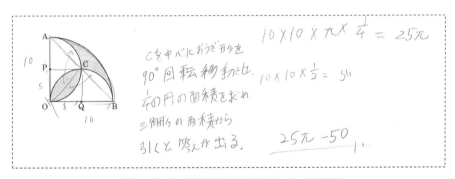

図5　「十分に満足できる」状況（A）の記述例

（山脇　雅也）

空間図形

問題を解決する方法を振り返り，
着目する点をまとめよう！

1 単元について

①目標

●空間図形についての基礎的な概念や性質などを理解するとともに，事象を数理的に捉えたり，数学的に解釈したり，数学的に表現・処理したりする技能を身に付ける。

●空間図形の構成要素や構成の仕方に着目し，図形の性質や関係を直観的に捉え論理的に考察することができる。

●空間図形について，数学的活動の楽しさや数学のよさを実感して粘り強く考え，数学を生活や学習に生かそうとする態度，問題解決の過程を振り返って評価・改善しようとする態度を身に付ける。

②評価規準

知識・技能	思考・判断・表現	主体的に学習に取り組む態度
・空間における直線や平面の位置関係を理解している。 ・空間図形を見取図や展開図，投影図に表すことができる。 ・円の周の長さや面積を，円周率πを用いて表すことができる。 ・おうぎ形の弧の長さと面積，基本的な柱体や錐体，球の表面積と体積を求めることができる。	・空間図形を直線や平面図形の運動によって構成されるものと捉えたり，空間図形を平面上に表現して平面上の表現から空間図形の性質を見いだしたりすることができる。 ・立体図形の表面積や体積の求め方を考察し表現することができる。	・空間図形の性質や関係を捉えることの必要性と意味を考えようとしている。 ・空間図形について学んだことを生活や学習に生かそうとしている。 ・空間図形の性質や関係を活用した問題解決の過程を振り返って検討しようとしている。

③指導計画と主な評価の観点

節	時	指導内容	学習内容	主な評価の観点		
				知・技	思・判・表	態度
いろいろな立体の構成	1	多面体	立体を観察して特徴を見つけよう	○		○
	2	角錐・円錐	立体の構成要素を調べよう	○	○	○
	3	正四角錐の展開図	正三角柱と正四角錐をつくろう	○	○	○
	4	オイラーの多面体定理	正三角柱と正四角錐の面・辺・頂点の数を調べよう	○	○	
	5	表面積・側面積・底面積	正三角柱と正四角錐の表面積を求めよう	○	○	
	6	円錐の展開図・おうぎ形の面積・π	円錐模型と同じ大きさの円錐をつくろう	○	○	○
	7	角柱の体積	立方体を正四角錐を集めてつくることができるか考えよう	○	○	○
	8	角錐の体積	正四角錐と立方体の体積の関係を考えよう	○	○	○
空間における図形	9	平面と平面の角・平面と平面の垂直	ノートを45°の角度で開くには三角定規をどう当てればよいのだろう	○	○	
	10	直線と平面の角・直線と平面の垂直	鉛筆を60°の角度で机に立てるには三角定規をどう当てればよいのだろう	○	○	
	11	直線と直線の位置関係・ねじれの位置	正三角柱の辺ADと他の辺はどんな位置関係になるのだろう	○		○
	12	直線と平面の位置関係・平面と平面の位置関係	正三角柱の辺と面，面と面はどんな位置関係になるのだろう	○		○
	13	平面の決定条件・回転体・母線・平面と平面の間の距離	紙1枚を使って考えられる立体	○	○	○
立体の表し方	14	投影図・平面図・立面図・見取図	立体を投影図で表そう	○		○
	15	立体を見る方向と投影図	正三角柱を投影図で表そう		○	○
	16	投影図の利用	正四角錐の高さを求めよう		○	○
立体の表面積と体積	17	球の表面積・体積，円錐と円柱と球の体積の関係	球の表面積と体積を求めてみよう	○	○	○
正多面体	18	正多面体	正多面体は何種類あるか考えよう	○	○	○

2 「主体的に学習に取り組む態度」の評価事例（第7・8時）

①概要

　本時は，単元「空間図形」（全18時間）の第7時から第8時に当たります。これまでに，いろいろな立体を観察し，立体を構成する面・辺・頂点の数と関係，角錐と円錐の展開図・表面積，柱体の体積について，立体をつくりながら学習をしてきています。本時では，角錐の体積をどう求めることができるかについて考えます。合同な正方形を底面とした正四角錐を集めて立方体をつくることができることを説明し，それを基に正四角錐の体積を求め，角錐の体積の求め方をまとめます。立体の何に着目して考えたらよいか，友だちの意見を聞いて自分の考えを振り返り，自らの学習を調整しながら問題を解決していきます。

②本時の目標と評価規準

目標

　合同な正方形を底面とした正四角錐を集めて立方体をつくることができることを説明し，それを基にして1つの正四角錐の体積を求め，角錐の体積の求め方をまとめようとする態度を身に付ける。

評価規準

・立方体の側面の正方形を底面とした正四角錐を6つ集めて，立方体をつくることができることを説明することができる。
・正四角錐の体積を求め，角錐の体積の求め方をまとめることができる。
・立体の性質を何に着目して考えたらよいかを捉えようとし，学習に生かそうとしている。

③問題

> 　立方体を正方形の面を底面とした正四角錐を集めてつくることができないか考えて，正四角錐の体積を求めましょう。

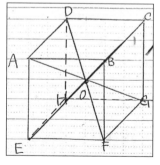

図1

④授業展開

1　問題を把握し，解決の見通しをもつ

　問題を板書し，立方体の見取図と立方体の対角線を確認しながらかき（図1），解決の見通しを話し合います。生徒一人ひとり

には，フレーム型の立方体模型を配ります。正四角錐を集めて立方体ができることを説明するには何がいえればよいかを共有することが必要になります。

　正四角錐の側面がぴったり重なり頂点が１点に集まるには，正四角錐の側面の二等辺三角形の等辺が全て等しく，頂点が立方体の真ん中に集まる，つまり図２の事柄が言えればよいことを生徒とのやりとりを通して確認します。

> 立方体の 4つの対角線 AG, BH, CE, DF が
> それぞれの中点で 1点で交わることを説明しよう

図2

2　各自考える時間を取ったあと，考えたことを近くの数名で確認する

　各自考える時間を取りノートに自分の考えを書かせてから，近くの生徒３〜４名で確認し合います。机間指導をしたり話し合いの様子を聞いたりして，目的に達していない考えや根拠が曖昧な考えなどを含めて，生徒の考えをつかむことを目指します。図３のような考えも，困っているところを友だち同士で確認し合うことで，次の全体共有の際に自分の考えを見直すことにつながります。

> （自分の考え）
> 例として 点 D と C が 平行線上にあり，点 E と F が 平行線上にある。
> また 直線 CG と 直線 FG は 直角の関係，直線 DH と 直線 EH が
> 直線 の関係なので 点 C と 点 E，点 D と 点 F も 直角に 交わるので
> 点 O の高さは 正方形の縦の高さの 1/2 になるから。

図3

3　全体で考えを共有する

　全体で共有するときには，根拠が曖昧で，生徒が困っているところをみんなで考えていけるように取り上げていきます。

S　すべての正方形の面の対角線は正方形の中心で交わっている。1つの面を反対側に平行移動すると，正方形の面の対角線の交点は全て立方体の中心を通り，その中心は立方体の対角線の交点と同じではないかなと思う。

T　なるほど，みんなどうかな？　立方体の中心というのが，ここだとはっきり見えなくて困ったね。例えば，AGとCEは立方体の中心で交わるのかな？

S　切って平面にして考えます（図４）。AGとCEの交点とDFとBHの交点は上から見ると正方形の中心にあって，横から見たときもAE，DHの高さの半分のところにあるから1点で交わる。長方形の対角線は等しくてそれぞれの中点で交わるから，AO＝GO＝EO＝CO。長方形DHFBと長方形AEGCは合同で対角線の長さは等しいので，DO'＝FO'＝HO'＝BO'＝AO＝GO＝EO＝CO。

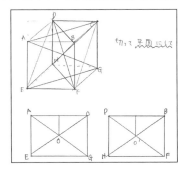

図4

T　高さが同じだということはいきなり出てきたね。ずれたりしないのかな？

S　他の1面を切るとわかる場所があります。

S　DEFC で切ると，長方形 DEFC も2つの長方形と同じで，対角線 DF と CE の交点はそれぞれの中点のO"だから，DO" = FO" = CO" = EO"。DO′ = DO"と EO = EO"から，O = O′ = O"とわかる。

T　立方体の対角線をふくむ長方形の面を考えて，それぞれの対角線の交点は同じ点になるので，これ（図2）が説明できたんだね。

4　自分の考えを見直して修正し考える時間を取る

　今までの意見を聞いて，自分の考えを見直して修正し，再び考える時間を取ります。このとき，図3の生徒は図5のように振り返っています。そこで具体的に図を使うなどして，もう一度自分の考えを修正してみるよう働きかけを行います。その際，「今出てきた長方形以外の組合せでも考えられないかな？」と具体的に考え直すための助言をしてもよいでしょう。

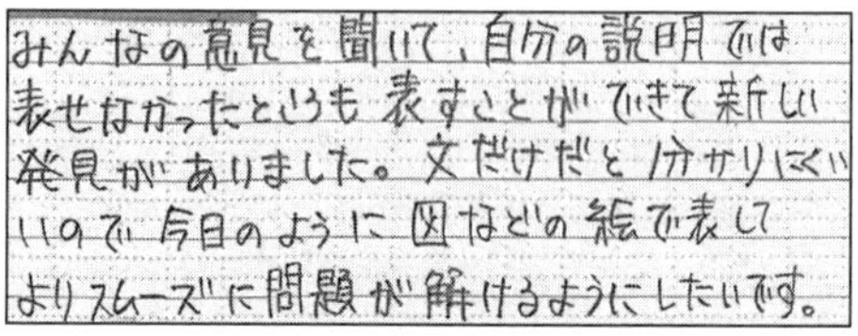

図5

5　大切だった着眼点を振り返り，問題を解決する

　これまでの過程を振り返って，「問題を考えるときに大切だった着眼点は何ですか？」と質問して考えさせます。生徒から図6のような発言を引き出せればよいと思います。そのうえで，合同な6つの正四角錐で立方体をつくることができることから，1辺が10cm の立方体の場合の計算を通して，正四角錐の体積が(底面積)×(高さ)の3分の1となることを導きます。

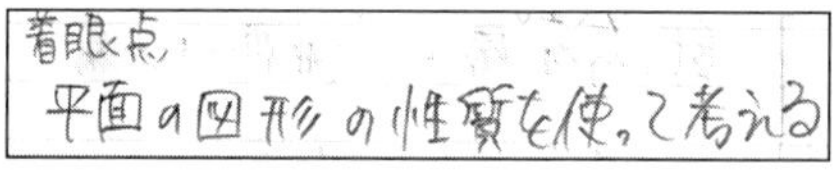

図6

⑤「主体的に学習に取り組む態度」の評価

　本時の主体的に学習に取り組む態度にかかわる評価規準は，「立体の性質を何に着目して考えたらよいかを捉えようとし，学習に生かそうとしている」です。このことを評価するために，問題を把握した後，自分の考えを書いて友だちに説明し，友だちの考えと比べて自分の考えを振り返り修正する場面をつくり，大切であった着眼点を考えさせるような発問を行います。

　はじめに図3のように考えた生徒は，全体での共有の後自分の考えを見直して修正し考える時間を取ると，図5のように振り返って，他の長方形を使った説明を行い，図7の□□□の部分のように，大切だと思ったことを書き加えていることから，着目する点を捉えて学習に生かそうとしている「十分満足できる」状況（A）と判断できます。

　最後に，「問題を考えるときに大切だった着眼点は何か考え，その理由も書きましょう」と

問いかけ，これまでの考え方を振り返り，記述させます。下の表は「平面の図形の性質を使って考える」という着眼点をあげている場合の評価と評価の視点の例です。また「努力を要する」状況（C）になりそうな生徒に対しては，机間指導の際に，黒板やノートを見ながら「説明の中でわかりやすかったところはどこだと思いましたか？」などと問いかけ振り返りを促します。

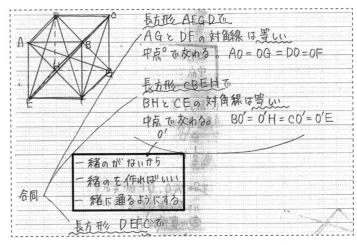

図7　「十分満足できる」状況（A）の記述例

評価	評価の視点
「おおむね満足できる」状況（B）	問題を考えるときに大切だった着眼点について記述している。
「十分満足できる」状況（A）	（B）に加えて，そのように着目する具体的な理由について記述している。

> 立体で考えるのは複雑で難しいから，平面にして考えてみることが大切だと思う。

「十分満足できる」状況（A）の記述例

この生徒は，「立体で考えるのは複雑で難しいから」のように，そこに着目するよさに関する具体的な理由をあげて，立方体の対角線を含む平面に着目する大切さを記述しており，「十分満足できる」状況（A）と判断できます。

> 平面をつくって考えてみる。
> 平面の図形の性質を使って考えてみる。

「おおむね満足できる」状況（B）の記述例

この生徒は，本時の学習で学んだ平面に着目することをあげていますが，平面に着目する理由に関する具体的な記述が不十分であることから，「おおむね満足できる」状況（B）と判断しました。

（小野田啓子）

データの分析と活用

問題を解決する方法を振り返り，
新たな問題を見いだそう！

1 単元について

①目標

● データの分布についての基礎的な概念や原理・法則などを理解するとともに，事象を数理的に捉えたり，数学的に解釈したり，数学的に表現・処理したりする技能を身に付ける。また，確率についての基礎的な概念や原理・法則などを理解するとともに，事象を数理的に捉えたり，数学的に解釈したり，数学的に表現・処理したりする技能を身に付ける。

● データの分布に着目し，その傾向を読み取り批判的に考察して判断することができる。また，不確定な事象の起こりやすさについて考察することができる。

● データの分布について，数学的活動の楽しさや数学のよさを実感して粘り強く考え，数学を生活や学習に生かそうとする態度，問題解決の過程を振り返って評価・改善しようとする態度を身に付ける。また，不確定な事象の起こりやすさについて，数学的活動の楽しさや数学のよさを実感して粘り強く考え，数学を生活や学習に生かそうとする態度，問題解決の過程を振り返って評価・改善しようとする態度を身に付ける。

②評価規準

知識・技能	思考・判断・表現	主体的に学習に取り組む態度
・ヒストグラムや相対度数などの必要性と意味を理解している。	・目的に応じてデータを収集して分析し，そのデータの分布の傾向を読み取り，批判的に考察し判断することができる。	・ヒストグラムや相対度数などの必要性と意味を考えようとしている。
・累積度数，累積相対度数の必要性と意味を理解している。		・データの分布について学んだことを生活や学習に生かそうとしている。
・代表値や範囲の必要性と意味を理解している。	・多数の観察や多数回の試行の結果を基にして，不確定な事象の起こりやすさの傾向を読み取り表現することができる。	
・コンピュータなどの情報手段を用いるなどしてデータを表やグラフに整理することができる。		・ヒストグラムや相対度数などを活用した問題解決の過程を振り返って検討しようとしたり，多面的に捉え考えようと
・統計的問題解決の方法を理解し		

ている。 ・多数の観察や多数回の試行によって得られる確率の必要性と意味を理解している。		したりしている。 ・多数の観察や多数回の試行によって得られる確率の必要性と意味を考えようとしている。 ・不確定な事象の起こりやすさについて学んだことを生活や学習に生かそうとしている。 ・多数の観察や多数回の試行によって得られる確率を活用した問題解決の過程を振り返って検討しようとしている。

③指導計画と主な評価の観点

節	時	指導内容	学習内容	主な評価の観点		
				知・技	思・判・表	態度
データの分析	1	範囲と度数分布	表やグラフをつくり，集団のデータを整理しよう	○	○	
	2	ヒストグラムと度数折れ線	複数のデータを度数折れ線で比較しよう	○	○	
	3	相対度数	総度数の異なるデータを比べる方法を考えよう	○		
	4	累積度数と累積相対度数	総度数の異なる複数のデータを比較しよう	○		
	5	分布の様子と代表値	どの代表値を用いてデータを読み取るとよいかを考えよう	○	○	
データに基づく確率	6	事柄の起こりやすさ	多数回の実験をして事柄の起こりやすさを調べよう	○		○
	7	相対度数と確率①	実験をして起こりやすさの程度を調べよう	○		
	8 9	相対度数と確率②	不確定な事象の起こりやすさの傾向を読み取り表現しよう		○	○
データの活用	10	データの利用①	身近な問題を解決するためのデータの集め方を考えよう		○	
	11 12	データの利用②	統計的に問題を解決する方法について理解しよう		○	○
	13	章の問題	教科書の練習問題に取り組み，単元の学習内容を振り返ろう	○	○	○

2 「主体的に学習に取り組む態度」の評価事例（第11・12時）

①概要

　本時は，単元「データの分析と活用」（全13時間）の第11・12時に当たります。第5時までに，目的に応じた適切で能率的なデータの集め方や合理的な処理の仕方，ヒストグラム，度数折れ線等のグラフの読み取り，相対度数を用いて総度数の異なるデータを比較する方法等について学習しています。本時では，生徒の身の回りにある事象の問題に対して，統計的に問題を解決するための方法（PPDAC）に基づく一連のサイクルを経験します。この解決過程を振り返り，よりよく問題を解決するための方法について考える活動を通して，自らの学習を調整する力を高めていきます。

②本時の目標と評価規準

目標

　身近にある問題の解決を通して統計的に問題を解決する方法について知り，解決過程を振り返って新たな問題を見いだそうとする態度を身に付ける。

評価規準

・解決すべき問題を見いだして予想し，データを収集して分析し，結論を導き出すという統計的に問題を解決する方法（PPDAC）を知っている。

・整理したデータの分布の傾向を読み取り，見いだした結論や過程を批判的に考察し判断することができる。

・統計的に問題を解決する過程（PPDAC）を振り返って，新たな問題を見いだし，その解決に向けてよりよい方法を考えようとしている。

③問題

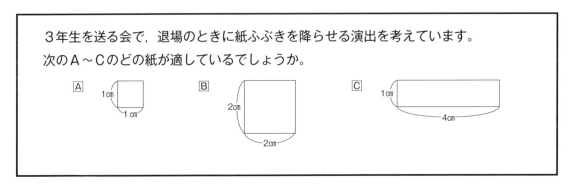

　3年生を送る会で，退場のときに紙ふぶきを降らせる演出を考えています。
　次のA～Cのどの紙が適しているでしょうか。

④授業展開

1　解決すべき問題を見いだし，予想する

　3年生を送る会の退場時に，紙ふぶきを降らせる演出をするという場面を想起させます。生徒が生徒会の本部役員という立場であることを強調します。

T　紙ふぶきはどのように降り注ぐのが理想でしょう？
S　ゆっくり，ふわっと降り注ぐ感じがいいと思います。
S　体育館の電気を消して，スポットライトで照らすときれいじゃないかな。
T　ここに，折り紙でつくった3種類の紙ふぶきがあります。どの紙ふぶきが適していると考えますか？（A〜Cの紙ふぶきを提示）
S　（挙手して，A〜Cのいずれかを予想する）

2　データの調査方法やルールを決めて，調査計画を立てる

　予想したことを確かめるための調査方法について，学級全体で考えます。ここでは，調査方法等を教師から指示するのではなく，生徒に考えさせることが重要です。

S　実際に紙ふぶきを降らせる実験をしたい。
S　同じ高さから床に落ちるまでの時間を計測すればいい。また，時間を決めて50回くらいは実験した方がいい。（2mくらいの高さから落とす設定にする。例えば，ビニールテープなどで学級の各所に2mの高さの目安となる印をつける）
S　でも，全員が50回の実験ができるとは限らないと思う。
S　相対度数で比べればよいのでは？　そして3つのデータを比べるので，相対度数の折れ線グラフにするとよいと考えます。

3　データを集めて整理する

　「実験をして3つのデータを比べよう」という課題を設定し，実験に取り組みます。生徒を3つに分け，役割を決めて，A〜Cの紙ふぶきが落ちる時間を計測します。ストップウォッチ，記録シートを配付し，25分程度の実験に取り組みます。データを表計算ソフトに入力しグラフを作成します（図1）。

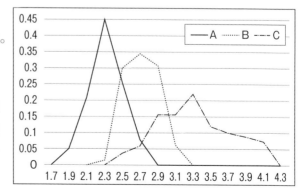

図1　相対度数の折れ線グラフ

4 データの傾向を捉えて分析する

　実験結果の度数分布表及びグラフ（図1）をプロジェクターで投影，もしくは生徒の端末に提示します。3つの度数折れ線を読み取る時間を数分確保し，データから読み取ったことをノートに記述する時間も確保します。「BはAよりは滞空時間が長く，およそ2.7秒前後です」「Cは範囲が広く，2.5秒位で落ちることもあれば，4秒以上でゆっくり落ちることもある」「ふんわり落ちることを考えれば，Cが適していると考えます」といった考えが出されます。

5 分析の結果から結論を出す

　データの分析を通して，「Cが一番適しているのではないか」と自然な流れで合意形成され，問題が解決されます。そして本時の授業を振り返り，1〜5の統計的に問題を解決する方法（PPDAC）について確認します。ここでは，新たなPPDACサイクルに向かうことの必要性を実感するために，滞空時間をのばすための改善案を考える活動を設定します。

T　もっと滞空時間をのばすためには，どんな工夫をするとよいでしょう？
S　2 cm×4 cmの紙にすると，滞空時間がのびるのではないかな。
S　今回は，折り紙を使ったけど，半紙などの薄い紙を使うといいと思う。
S　なるほど！　ビニールの素材もよさそう。
T　PPDACの手順で新たな問題に挑戦できそうですね。

⑤「主体的に学習に取り組む態度」の評価

　本時の主体的に学習に取り組む態度にかかわる評価規準は，「統計的に問題を解決する過程（PPDAC）を振り返って，新たな問いを見いだし，その解決に向けてよりよい方法を考えようとしている」です。このことを評価するために，以下の2つの活動を位置付けます。

❶滞空時間をさらにのばすためのアイデアを考えることを通して，新たな問いを見いだす活動
❷新たな問いのよりよい解決に向けて，統計的に問題を解決するための方法のポイント等を考えて記述する活動

　❶については，1つの問題を解決したら終わりではなく，新たなPPDACサイクルにつながることに気付くことで，学んだことを次の学習に生かそうとする態度をはぐくむために重要な活動であり，評価場面であると考えます。

　❷については，❶で見いだした新たな問いを解決するために，本時の授業を振り返り，統計的に問題を解決するための重要な視点や，よりよく解決するためのポイント等について，振り返りシートに記述させます。なお，この記述内容は，記録に残す評価とします。

　振り返りシートへの記述は，単元を通して３回程度取り組ませます（小節の終了時，レポート課題終了時，単元末等）。ある程度の授業を経験させた後に自己の学びを振り返って記述し，新たな学びに向かうことを繰り返すことで，自己を調整する力が高まっていくと考えられます。

　以下は，評価の視点と振り返りシートの記述例です。

評価	評価の視点
「おおむね満足できる」状況（B）	本時の学習を振り返り，PPDAC サイクルの重要な視点等について記述している。
「十分満足できる」状況（A）	（B）に加え，新たな問題をよりよく解決するためのポイント等について具体的に記述している。

「十分満足できる」状況（A）の記述例

　上の生徒は，本時の学習に照らして，PとCの重要性を指摘しています。特に新たな疑問をもつことで深く思考できることや，新たな問題の解決に向けて対照実験の必要性といった具体的な記述が書かれていることから，「十分満足できる」状況（A）と判断しました。

「おおむね満足できる」状況（B）の記述例

　この生徒は，本時の学習で学んだPの段階の調査方法の決定やグラフを用いてデータ比較することの重要性を指摘していますが，新たな問題の解決に向けての具体的な記述は不十分であることから，「おおむね満足できる」状況（B）と判断しました。　　　　　　　　　　（菅原　　大）

051

式の計算

偶数と奇数の和について考えよう！

1 単元について

①目標

●文字を用いた式についての基礎的な概念や原理・法則などを理解するとともに，事象を数学化したり，数学的に解釈したり，数学的に表現・処理したりする技能を身に付ける。

●文字を用いて数量の関係や法則などを考察することができる。

●文字を用いた式について，数学的活動の楽しさや数学のよさを実感して粘り強く考え，数学を生活や学習に生かそうとする態度，問題解決の過程を振り返って評価・改善しようとする態度を身に付ける。

②評価規準

知識・技能	思考・判断・表現	主体的に学習に取り組む態度
・同類項の意味を理解し，簡単な整式の加法と減法及び単項式の乗法と除法の計算をすることができる。 ・具体的な事象の中の数量の関係を文字を用いた式で表したり，式の意味を読み取ったりすることができる。 ・文字を用いた式で数量及び数量の関係を捉え説明できることを理解している。 ・目的に応じて，簡単な式を変形することができる。	・具体的な数の計算やすでに学習した計算の方法と関連付けて，整式の加法と減法及び単項式の乗法と除法の計算の方法を考察し表現することができる。 ・文字を用いた式を具体的な場面で活用することができる。	・文字を用いた式の必要性と意味を考えようとしている。 ・文字を用いた式について学んだことを生活や学習に生かそうとしている。 ・文字を用いた式を活用した問題解決の過程を振り返って評価・改善しようとしている。

③指導計画と主な評価の観点

節	時	指導内容	学習内容	主な評価の観点		
				知・技	思・判・表	態度
式の計算	1	具体的な事象の式による説明	スタート地点の位置を考えよう		○	
	2	単項式と多項式，次数の意味	項の数や文字の数に注目して式を分類してみよう	○		
	3	多項式の加法と減法	多項式の加法と減法を考えよう	○		
	4	多項式と数の乗法や除法	多項式と数の乗法や除法を考えよう	○		
	5	多項式に関するいろいろな計算	いろいろな式の計算を考えてみよう	○		
	6	単項式の乗法	単項式の乗法の計算の方法を考えよう	○		
	7	単項式の除法	単項式の除法の計算の方法を考えよう	○		
	8	単項式の乗法と除法の混じった式の計算，式の値	乗法と除法の混じった式の計算を考えよう	○		
式の利用	9	文字を用いた式による説明①	連続する3つの整数の和について考えよう	○		○
	10	文字を用いた式による説明②	偶数と奇数の和について考えよう		○	○
	11	文字を用いた式による説明③	2桁の数の自然数の和について考えよう		○	○
	12	文字を用いた式による説明④	身の回りの問題を文字を用いた式を使って考えよう		○	○
	13	等式の変形①	目的に応じて等式を変形して問題を考えよう	○		
	14	等式の変形②章の振り返り	いろいろな等式の変形を考えよう	○		

2 「主体的に学習に取り組む態度」の評価事例（第10時）

①概要

　本時の目標は2つです。偶数と奇数の和の性質について文字式を使って説明することができることと，それを通して文字の約束「異なる文字は異なる数を表す」を知ることです。

　文字式による説明の授業では，文字式に表す前の，数字の式を使って性質を調べる活動が重要です。生徒にとって理解しやすい数字の式を使って，説明する性質の理解を深めておくことが，文字式に表したり，表された文字式の意味を理解したりするときの基礎になるからです。そこで本時では，まず「偶数＋奇数＝奇数」を数字の式で表す活動を行います。例えば，$2+7=9$を，$2 \times 1 + (2 \times 3 + 1) = 2 \times 4 + 1$と，偶数と奇数の意味に即して式に表す活動で

す。こうすることで，文字式$2m+(2n+1)=2(m+n)+1$と同じ形になり，数字の式と文字式の関連が見え，文字式の理解がしやすくなります。

　また，本時ではじめて2種類の文字を使った説明を扱います。ここで問題になることは，「異なる文字は異なる数を表す」という文字の約束です。この約束は本時までに必ずしも明示的に扱われていない場合が多いです。そのため，偶数と奇数を$2n$と$2n+1$と表す生徒が出てきます。こうした説明を取り上げ，評価・改善することにより，文字の約束を知るとともに，よりよい説明をつくろうとする，主体的に学習に取り組む態度を養うことを意図します。

②本時の目標と評価規準

目標

　文字式による説明を振り返って評価・改善しようとする態度，文字式による説明について学んだことを学習に生かそうとする態度を身に付ける。

評価規準

・偶数と奇数の和が奇数になることを，文字式を使って説明することができる。

・文字の約束「異なる文字は異なる数を表す」を知る。

・文字式による説明を振り返って評価・改善しようとするとともに，文字式による説明について学んだことを学習に生かそうとしている。

③問題

> 偶数と奇数の和はいつでも奇数になるだろうか。

④授業展開

1　問題を把握させる

　偶数と奇数の和の例をいくつか示し，偶数と奇数をたしていること，その和が奇数になることを見いださせます。このとき，一般性を見通すために，なるべく多くの例を示すことが重要ですが，本時の場合，それに加えて，6＋7のような連続する偶数と奇数の例と，2＋9のような連続しない偶数と奇数の例を扱っておくことが重要になります。

T　（何も言わずに，例えば6＋7を板書して）和はいくつですか？

S　13です。

T　（同様に2＋9を板書して）いくつですか？

S　11です。

T　（同じやりとりを繰り返し，生徒が式のきまりをつかんできたら生徒に例をあげさせる）
　　「例えば」で式を言える人はいますか？

S　8＋13です。

T　どのような計算になっていますか？

S　偶数＋奇数です。

T　その和はどんな数になっていますか？

S　奇数です。

2　予想「偶数＋奇数＝奇数」を，数字の式を使って調べる

　ここでは，予想した「偶数＋奇数＝奇数」を，数字の式を使って調べます。これを通して，偶数，奇数の表し方を確認するとともに，性質の理解を深めていきます。なお，ここでも「異なる文字は異なる数を表す」ことを知るという本時の目標から，連続する偶数と奇数の例と連続しない偶数と奇数の例の両方を数字の式で表しておくことがポイントになります。

T　「偶数＋奇数＝奇数」になることを，6＋7＝13で確認します。和13は奇数ですが，奇数
　　であることを式で表したい。13をどのように表せばいいですか？

S　2×6＋1です。

T　なぜ2×6＋1？

S　2×6が偶数で，それに1をたしているので奇数になります。

T　6＋7の6と7も同じように偶数と奇数の表し方で式に表すことができますか？

S　2×3＋（2×3＋1）です。
　　（同様に，連続しない偶数と奇数の例を含むいくつかの例を，式に表して確認する）

3　文字式による説明を評価・改善する

　2の活動の後，「いつでも和が奇数になる？」と一般性を問い，文字式による説明を考えさせます。学級全体の議論では，2つのことを中心に話し合います。式を$2(m+n)+1$に変形することと，偶数と奇数を表すのに異なる文字を使うことです。

　話し合いは，まず，$2m+(2n+1)=2(m+n)+1$と表し変形している説明を検討します。「なぜ$2(m+n)+1$に変形するのか」を問い，「奇数になることを示す」という目的に合わせて式を変形するという考えを生徒から引き出していきます。

　次に，$2n+(2n+1)=2×2n+1$と表し変形している説明を取り上げ，その評価・改善を考えます。生徒が評価・改善するには，その指標となる事柄，拠り所が必要になります。ここでは，2の活動で表した数字の式の例がそれに当たります。2で表した数字の式の例と照

らして，同じ式の形になっているか，数字の式で考えたすべての例を文字式が表しているかといった観点から文字式による説明を評価・改善します。生徒にとって理解しやすい数字の式と文字式を関連付けることが，文字式を理解するための重要な手立てとなります。

T　$2n+(2n+1)=4n+1=2×2n+1$　この文字式の説明はどうですか？

S　$2×2n+1$ が「$2×$（整数）$+1$」の奇数の形になっているからいいと思います。

S　でも，$2n$ と $2n+1$ だと，$6+7$ のような連続する偶数と奇数しか表していなくて，$2+9$ のような連続しない偶数と奇数を表すことができていないよ。

T　数字の式を使って詳しく説明できない？

S　$n=1$ だったら $2×1$ と $2×1+1$ で2と3，$n=2$ だったら $2×2$，$2×2+1$ で4と5になって，連続しない偶数と奇数を表すことができていません。

T　とすると，どのように文字式を直せばいいですか？

S　さっきの○○さんの説明みたいに，m と n の2つの文字を使って表せばいい。

　前時の連続する3つの整数の和の説明において，こうした数字の式と文字式を関連付ける活動をしておけば，生徒は，$2n$ と $2n+1$ が連続する偶数と奇数しか表さないことに気付き，主体的に説明を改善していくことが期待できます。

4　2つの整数の和について他の場合を説明し，条件を変えて発展させる

　「偶数＋奇数＝奇数」を説明することができたら「次，何を考える？」と問います。そうすれば，生徒は「偶数＋偶数」「奇数＋奇数」と言うでしょう。これらの説明を考えさせれば，文字式による説明の練習になり，同時に本時の目標「文字式の説明ができること」の評価にもなります。さらに，すべての場合の「和」を考えた後で，「次，何を考える？」と同じように問えば，「和」を「差」「積」に，「偶数」「奇数」を「3の倍数」などに変える生徒の反応が期待できます。問題を解決した後に，こうした新たな問題を見いだすことを促す発問を，様々な授業で繰り返すことにより，主体的に発展させようとする態度やそのための考え方を働かせる資質・能力をはぐくむことにつながります。

⑤「主体的に学習に取り組む態度」の評価

　本時の主体的に学習に取り組む態度に関する評価規準は，「文字式による説明を振り返って評価・改善しようとするとともに，文字式による説明について学んだことを学習に生かそうとしている」です。このことを評価するために，以下の2つの活動を位置付けます。

❶文字式による説明を振り返り，評価・改善する活動

❷文字式による説明において大切だと思った見方・考え方と気を付ける点を記述する活動

❶は，３に示した目的に応じた式変形と１つの文字を使った説明を評価・改善する活動です。そこでの生徒の取組の様子やノートの記述が評価材料になります。

❷は，授業の振り返りで行う活動です。文字式による説明において大切な見方・考え方と気を付ける点について書かせます。本時の焦点は目的に応じた式変形と異なる文字を使った偶数と奇数の表し方にありましたが，それに限定せず，大切だと思う見方・考え方と留意点を自由に書かせます。こうした学んだことを学習にどのように生かしていくかを考えさせることは，自己調整する力の育成につながると考えます。

以下は，❷の記述に対する評価と評価の視点の例です。

評価	評価の視点
「おおむね満足できる」状況（B）	本時の学習を振り返り，文字式による説明を考えるうえで大切な見方・考え方について記述している。
「十分満足できる」状況（A）	（B）に加え，文字式による説明を考えるうえで気を付ける点も記述している。

文字式の説明では，わかりやすく式に表すことが大切だと思いました。たくさんの例を数字の式で表すと，偶数と奇数の表し方やかっこをつける部分などがわかり，文字式がわかりやすくなったからです。これからも，式を見ただけで何を表しているのか，どういう意味なのかがわかるように，式に表すことに気を付けたいです。

「十分満足できる」状況（A）の記述例

最初の２文では，数字の式で表すことの大切さとそう思った理由が書かれています。本時の評価では，理由の有無は評価の視点に入っていませんが，このように大切と思った理由まで掘り下げて振り返られると，式に表すよさをより明確に意識でき，学びを深めることにつながるでしょう。続く３文目では，今後気を付ける点として「意味がわかるように式に表すこと」をあげています。これらのことから，「十分満足できる」状況（A）と判断しました。

同じ文字は同じ数を表すため，すべてのパターンを表しきれないことがわかりました。連続しない２つの数を表すときには違う文字を使うことが大切。

「おおむね満足できる」状況（B）の記述例

この記述では，目標の「異なる文字は異なる数を表す」ことを指摘していますが，その学びを今後の学習にどのように生かすかという点の記述が不十分です。このことから，「おおむね満足できる」状況（B）と判断しました。　　　　　　　　　　　　　　　（小岩　　大）

2年 数と式 連立方程式

友だちと学び合いながら，
連立方程式の問題を解決しよう！

1 単元について

①目標

● 連立二元一次方程式についての基礎的な概念や原理・法則などを理解するとともに，事象を数学化したり，数学的に解釈したり，数学的に表現・処理したりする技能を身に付ける。

● 文字を用いて数量の関係や法則などを考察することができる。

● 連立二元一次方程式について，数学的活動の楽しさや数学のよさを実感して粘り強く考え，数学を生活や学習に生かそうとする態度，問題解決の過程を振り返って評価・改善しようとする態度を身に付ける。

②評価規準

知識・技能	思考・判断・表現	主体的に学習に取り組む態度
・二元一次方程式とその解の意味を理解している。 ・連立二元一次方程式の必要性と意味及びその解の意味を理解している。 ・簡単な連立二元一次方程式を解くことができる。 ・具体的な場面で連立二元一次方程式を活用して問題を解決する方法を理解している。	・一元一次方程式と関連付けて，連立二元一次方程式を解く方法を考察し表現することができる。 ・連立二元一次方程式を具体的な場面で活用することができる。	・連立二元一次方程式の必要性と意味を考えようとしている。 ・連立二元一次方程式について学んだことを生活や学習に生かそうとしている。 ・連立二元一次方程式を活用した問題解決の過程を振り返って評価・改善しようとしている。

③指導計画と主な評価の観点

節	時	指導内容	学習内容	主な評価の観点		
				知・技	思・判・表	態度
連立方程式とその解き方	1	一元一次方程式の活用と，二元一次方程式の必要性と意味	バスケットボールの試合で決めたシュートの本数は何本なのか考えよう		○	○
	2	連立方程式とその解	二元一次方程式とその解の意味を知り，連立方程式とその解の意味を理解しよう	○		○
	3	連立方程式の解き方	2つの方程式から，1つの文字を消去する方法を考えよう	○	○	
	4	加減法	文字の係数の絶対値が等しくないとき，文字を消去するにはどうしたらよいか考えよう	○	○	
	5	代入法	一方の式を他方の式に代入し，文字を消去する方法を考えよう	○	○	
	6	いろいろな連立方程式①	かっこを含む連立方程式を解こう	○	○	
	7	いろいろな連立方程式②	係数に小数や分数を含む連立方程式や，A＝B＝Cの形をした連立方程式の解き方を考えよう	○	○	
連立方程式の利用	8	文章題①　個数と代金の問題	個数と代金に関する問題を，連立方程式を利用して解決しよう	○	○	○
	9	文章題②　速さ・時間・道のりに関する問題	速さ・時間・道のりに関する問題を，連立方程式を利用して解決しよう	○	○	○
	10	文章題③　割合に関する問題	割合に関する問題を，連立方程式を利用して解決しよう	○	○	○
	11	文章題④　まとめの問題	線分図や絵図をかいて問題場面を整理し，連立方程式を利用して池のまわりを進む問題を解決しよう	○	○	○
	12	章の問題	教科書の練習問題に取り組み，学習内容の習熟を図ろう	○	○	

2 「主体的に学習に取り組む態度」の評価事例（第11時）

①概要

　本時は，単元「連立方程式」（全12時間）の第11時に当たります。第10時までに，連立二元一次方程式の必要性と意味及びその解の意味を理解し，個数と代金に関する問題や，速さ・時間・道のりに関する問題，割合に関する問題など，連立二元一次方程式を活用した問題解決の過程を振り返って，その手順を検討しようとしているところまで学習しています。

本時では，連立方程式を利用した最後の問題として，池のまわりを進む教科書の問題（東京書籍（令和３年度版）『新しい数学　2』p.55）を取り上げます。個人追究，そしてクラス全体での学び合い，教え合いの活動を通して「出会う」「追いつく」とはどういうことか線分図や絵図，表，式などで整理し，粘り強く考え，そして友だちの説明を聞いて振り返ることにより，自ら学習を調整する力を高めていきます。

②本時の目標と評価規準

目標

　連立二元一次方程式について学んだことを生活や学習に生かそうとする態度，問題解決の過程を振り返って評価・改善しようとする態度を身に付ける。

評価規準

・具体的な問題の中の数量やその関係を把握し，連立方程式をつくることができる。
・２人が出会うことと，追いつくことを線分図や絵図等を用いて整理し，その関係を連立方程式の立式に役立て，問題を解決することができる。
・連立二元一次方程式のよさを実感して粘り強く考え，連立二元一次方程式について学んだことを生活や学習に生かそうとしたり，問題解決の過程を振り返って評価・改善しようとしたりしている。

③問題

> 　周囲が3600mの池があります。この池を，Aは自転車で，Bは徒歩でまわります。同じところを同時に出発して，反対の方向にまわると15分後にはじめて出会います。また，同じ方向にまわると，AはBに30分後にはじめて追いつきます。A，Bそれぞれの速さは分速何mですか。

④授業展開

1　絵図や線分図をかいて問題の情報を整理する

　２人の生徒に，実際に教室内を反対方向にまわったり同じ方向にまわったり実演してもらい，問題場面を想起させ，そこから情報を整理し，自分なりに数量の関係をまとめさせます。

T　実際に教室内を歩いてもらったのを見て，「出会う」「追いつく」とはどういうことかわかったかな？

S　反対の方向にまわって「出会う」ということは，2人の歩いた道のりの合計が，池の1周3600mに等しいということだと思います。

S　同じ方向にまわって「追いつく」ということは，30分後に速い方が1周多くまわって追いついたということになります。

T　その通りです。絵や線分図をかいて情報を整理してみましょう。では，今回はどのように連立方程式をつくればよいのかな？

S　Aさんの速さを分速 x m，Bさんの速さを分速 y mとすれば，「出会う」「追いつく」関係から連立方程式をつくり，解を求めることができると思います。

2　友だちと相談する

　個人追究の時間をしっかりと確保した後，「ここまではわかったけど，ここからはどうすればいいの？」と問いを明確にすることを条件に，友だちと相談する時間を設けます。問題を早く解いた生徒は，教師に代わって「スモールティーチャー」になります。友だちに教えたり手助けしたりすることでさらなる探究が促され，早く解いた生徒にも達成感が生まれる時間になります。

S　先生，自分なりに説明できたので，スモールティーチャーをしに行っていいですか？

T　もちろんです。どう説明したら相手に自力で解決してもらえるかを考えて，手助けしてみましょう。

S　線分図よりも池の絵で表した方がわかりやすいよ。

S　速さ×時間＝道のりだから，x，yを使えば方程式が2つつくれるよ。

S　追いつくっていうのが，自分ではよくわからなかったけど，友だちに教えてもらって理解できた。うれしい！

3　複数の生徒が説明を行う

　説明を聞いて考えを共有する場面では，1人の生徒の説明で終わらず，複数の生徒に説明させることが重要です。そうして，よりよく表現したいという探究心を刺激することで，深い理解と高い達成感を生む雰囲気づくりにつながっていきます。

T　2人の人の説明を聞いてみて，みなさんは理解できましたか？

S　2人とも板書した解き方はほとんど同じだったけど，図を使って説明したり，加減法の解き方の説明が少し違ったりして，2回聞けて理解が深まりました。

S　板書が２人ともとても丁寧でわかりやすかったです。答えは，Aが分速180m，Bが分速60mになりました。友だちに教えてもらって，自分も解けたからうれしかったです。

T　学び合いや友だちの説明を通して気が付いたことや，ノートを振り返って今後の問題解決に生かしたいことなどをまとめておきましょう。

⑤「主体的に学習に取り組む態度」の評価

　　本時の主体的に学習に取り組む態度にかかわる評価規準は，「連立二元一次方程式のよさを実感して粘り強く考え，連立二元一次方程式について学んだことを生活や学習に生かそうとしたり，問題解決の過程を振り返って評価・改善しようとしたりしている」です。

　　このことを評価するために，以下の２点の活動を位置付けます。

❶学び合いを通して，問題の解決に向けて粘り強く取り組む活動
❷学び合いや友だちの説明を通して気が付いたことや，ノートを振り返って今後の問題解決に生かしたいことなどをまとめる活動

　　❶については，教える生徒にとっては，どのように説明したら友だちに自力で問題を解決してもらえるかを考えながら，簡潔・明瞭・的確に表現することに粘り強く取り組む場面になります。また，教えてもらう生徒にとっては，友だちの説明を聞いて，答えを導き出そうと再度粘り強く取り組むことができるかが問われる場面になります。

　　❷については，本時の学習を振り返るだけでなく，それを今後の学習にどのように生かそうとしているかという点から，自らの学習を調整しようとする姿を見取ります。この記述内容は，記録に残す評価となります。

　　なお，ノートは，定期テスト後や単元が終わるタイミングで提出させますが，日々の授業の中で

もよく振り返りができている生徒から許可を得てノートをコピーし，全体に配付します。そうすることで，さらにがんばってみようという生徒の意欲を喚起し，学習を自己調整する力を高めていきます。

　以下は，ノート記述の評価の視点と生徒の記述例です。

評価	評価の視点
「おおむね満足できる」状況（B）	本時の学習で学んだことを振り返り，今後の自らの学習に生かすための重要な視点等について記述している。
「十分満足できる」状況（A）	（B）に加え，問題解決の過程を振り返り，評価・改善の具体的な記述をしている。

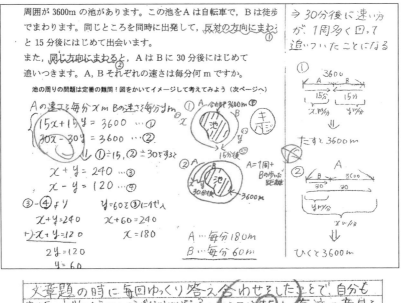

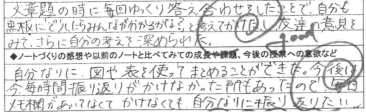

「おおむね満足できる」状況（B）の記述例

　この生徒は，本時の学習で学んだこと（学び方）を振り返り，今後の自らの学習に生かそうとする記述は見られるものの，問題解決の過程を振り返り，評価・改善しようとする具体的な記述は不十分であることから，「おおむね満足できる」状況（B）と判断しました。

（柳沢　哲士）

2年 関数

一次関数

いろいろな一次関数のグラフの 式の求め方を考えよう！

1 単元について

①目標

- 一次関数についての基礎的な概念や原理・法則などを理解するとともに，事象を数学化したり，数学的に解釈したり，数学的に表現・処理したりする技能を身に付ける。
- 関数関係に着目し，その特徴を表，式，グラフを相互に関連付けて考察し表現することができる。
- 一次関数について，数学的活動の楽しさや数学のよさを実感して粘り強く考え，数学を生活や学習に生かそうとする態度，問題解決の過程を振り返って評価・改善しようとする態度を身に付ける。

②評価規準

知識・技能	思考・判断・表現	主体的に学習に取り組む態度
・一次関数について理解している。 ・事象の中には一次関数として捉えられるものがあることを知っている。 ・二元一次方程式を関数を表す式とみることができる。 ・変化の割合やグラフの切片と傾きの意味を理解している。 ・一次関数の関係を表，式，グラフを用いて表現したり，処理したりすることができる。	・一次関数として捉えられる2つの数量について，変化や対応の特徴を見いだし，表，式，グラフを相互に関連付けて考察し表現することができる。 ・一次関数を用いて具体的な事象を捉え考察し表現することができる。	・一次関数の必要性と意味を考えようとしている。 ・一次関数について学んだことを生活や学習に生かそうとしている。 ・一次関数を活用した問題解決の過程を振り返って評価・改善しようとしている。

③指導計画と主な評価の観点

節	時	指導内容	学習内容	主な評価の観点		
				知・技	思・判・表	態度
一次関数	1	一次関数①	いろいろな事象で2つの変数の関係を式で表そう	○		○
	2	一次関数②	一次関数の定義や意味を理解しよう	○		
	3	一次関数の値の変化	一次関数の値の変化について調べよう	○		
	4	一次関数のグラフ①	一次関数のグラフをかこう	○		
	5	一次関数のグラフ②	一次関数のグラフの特徴を調べよう	○		
	6	一次関数のグラフ③	一次関数のグラフを基に変域を求めよう	○		
	7	一次関数の式を求める①	一次関数のグラフを読み取り，式を求めよう	○		○
	8	一次関数の式を求める②	与えられた条件から一次関数の式を求めよう	○	○	
一次関数と方程式	9	二元一次方程式のグラフ①	二元一次方程式のグラフについて考えよう	○		
	10	二元一次方程式のグラフ②	二元一次方程式のグラフをかこう	○		
	11	連立方程式とグラフ	2つの二元一次方程式のグラフの交点について考えよう	○		○
一次関数の利用	12	一次関数の利用①	2つの数量関係を一次関数とみなして問題を解決しよう		○	
	13	一次関数の利用②	2つの数量関係を一次関数とみなして問題を解決しよう		○	○
	14	一次関数の利用③	一次関数のグラフを利用して問題を解決しよう	○		
	15	一次関数の利用④	一次関数のグラフを利用して問題を解決しよう		○	
	16	一次関数の利用⑤	動点と図形の面積の変化について考えよう		○	○
単元のまとめ	17	一次関数のまとめテスト	一次関数の学習内容について振り返ろう	○	○	

2 「主体的に学習に取り組む態度」の評価事例（第7時）

①概要

　本時は，単元「一次関数」（全17時間）の第7時に当たります。前時までに，一次関数のグラフのかき方や変域についての学習をしました。前時の授業の最後に，練習問題として4つのグラフをかかせました。それぞれの直線にあえて番号を振らずに答え合わせに入り，問題の式とどの直線が対応するかを確認した後に答え合わせを行った影響なのか，生徒からは「グラフはかけたので，読み方も学習したい」との意見が出ました。「学びの足跡シート」にも同様のコメントを書いた生徒がいたため，あわせて紹介します。導入では，このように前時までの学習とのつながりを意識させ，生徒が主体的に学習に取り組めるようにします。

　本時は，基本的な一次関数のグラフの読み取りから始め，切片が読み取れないグラフや傾きが読み取りにくいグラフを扱います。また，直線の式が求められる条件を考えるために，直線の式が読み取れないグラフを最後に扱います。

②本時の目標と評価規準

目標

　一次関数のグラフから直線の式を求め，直線の式が求められる条件を見いだそうとする態度を身に付ける。

評価規準

・一次関数のグラフから直線の式を求めることができる。

・直線の式が求められる条件を見いだそうとしている。

③問題

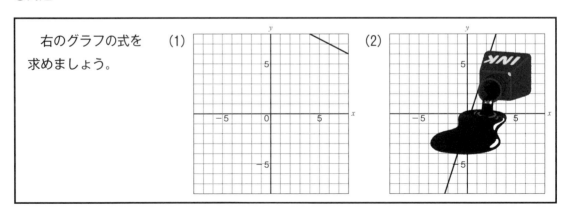

④授業展開

1　前時の復習を行う

前時に学習した一次関数のグラフのかき方を振り返ります。傾きと切片を基にすればグラフがかけることを確認します。

2　本時のめあてを確認する

前時の終わりに記入した「学びの足跡シート」のコメントにあった「一次関数のグラフをかけたので，次の授業は一次関数のグラフの読み方を学習したい」というコメントを紹介し，本時のめあてを共有します。

3　例題と練習問題を通して基本を定着させる

教科書の例題を扱い，やりとりを通してグラフの読み方を理解させていきます。直前で一次関数のかき方を復習したこともあってか，スムーズに進んでいきます。「楽勝！」といった声が上がったところで，本時の問題を提示します。

4　問題を把握し，解決の見通しをもつ

難しい問題と対峙し，直前まで「楽勝！」と言っていた生徒も困った顔をします。「困っていることは何なのか」「さっきまでの問題と何が違うのか」を共有し，「解決に向けてすることは何か」を考えさせていきます。

5　(1)の問題を解決する

(1)の問題で，多くの生徒はグラフを延長し，方眼のマス目をかき足して，切片を求めようとします。そして切片は10だと答えます。ここで揺さぶりをかけます。

T　切片は本当に10と言いきれる？
S　そこまで言われると自信がありません…。
T　自信がある人はいるかな？
S　左に2行くと上に1ずつ点が打てるので，切片は10だと思います。

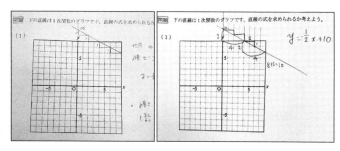

この発問で，ただ何となくグラフを延長している生徒とそうでない生徒との差がはっきりしました。変化の割合を意識して点を取り，切片を求めた生徒は自信をもって答えていました。

また，この直線からわかる情報をあげさせ，それらを $y = ax + b$ の式に代入して直線の式を求める方法も確認します。

6　(2)の問題を解決する

続いて (2) の問題に入ります。この問題は切片が見えないことに加え，傾きも読み取りにくくなっていますが，既習事項をつなげて解決していきます。

 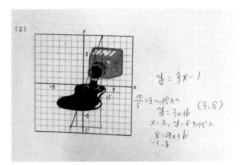

S　切片が読み取れません。傾きも読み取れない…。
T　困りましたね。何か手がかりはないかな？　このグラフからわかる情報をあげてみよう。
S　点（－2，－7）と点（3，8）を通っています。

　インクで隠れた部分の上にグラフをかき足し，式を求めようとする生徒もいますが，先ほどと同様に揺さぶりをかけ，正確に求められる方法を模索します。見つかった2点から傾きを求めて解決したり，連立方程式を利用したりして式を求めます。そして最後に，下の問題に取り組みます。

⑤「主体的に学習に取り組む態度」の評価

次の①～④の直線のグラフの式について，直線の式を求められるものは式を答えましょう。

求められないものは，その理由を書きましょう。

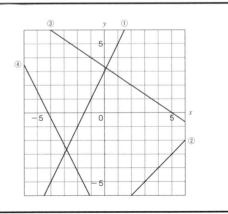

　知識・技能を①から③で評価し，④の取組の様子で主体的に学習に取り組む態度を評価します。④はこのグラフから読み取れることだけでは式を求められない問題です。そこで，式を求められない理由を問うと，「一点も座標が読み取れない」といった意見が出ます。そこで，「一点でも座標が読み取れたら式を求められる？」と問い，考えを記述させます。また，「どのような条件を満たせば直線の式を求められるか」についても考えさせます。これら一連の取組に関する記述を通して④の評価を行います。

　一点の座標だけ読み取れても，直線の式は求められないことを理解し，どのような条件なら直線の式が求められるかを考え，実際に求めようとしているものは「十分満足できる」状況（A）と判断します。また，「努力を要する」状況（C）になりそうな生徒に対しては，例えば，ノートに何も書けない状況の場合，机間指導の際に「どんな場合のとき式に表せた？」などと問いかけ，振り返りを促します。

　以下は，評価の視点と生徒の記述例です。

評価	評価の視点	生徒の記述
「おおむね満足できる」状況（B）	一点の座標だけ読み取れても，直線の式は求められないことを理解し，どのような条件なら直線の式が求められるかを考えている。	・傾きと一点の座標 ・切片と一点の座標 ・二点の座標 　以上のいずれかのことがわかれば，直線の式を求めることができる。
「十分満足できる」状況（A）	一点の座標だけ読み取れても，直線の式は求められないことを理解し，どのような条件なら直線の式が求められるかを考え，実際に求めようとしている。	・傾きと一点の座標 （→平行線を引き，傾きを求めようとしている） ・切片と一点の座標 （→グラフを延長し，切片を求めようとしている） ・二点の座標 　以上のいずれかのことがわかれば，直線の式を求めることができる。

　右の❶の例のように，④の直線を延長し，方眼のマス目をかき足して切片を求めようとしたり，❷の例のように平行線を引いて，直線の傾きが－2であると予想したりする生徒は「実際に求めようとしている」と判断することができます。

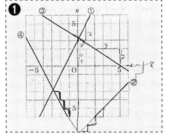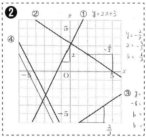

「十分満足できる」状況（A）の記述例

　このように，解決が困難な問題でも，いろいろなことを試し，解決しようと挑戦する姿は，まさに主体的に学習に取り組む態度そのものです。授業を通して，このように粘り強く取り組む生徒を育成できるよう，今後も授業を工夫したり，適切な支援を行ったりしていきたいと考えます。

（松尾　賢宏）

2年 図形 平行と合同

学習してきた図形の性質を生かして，問題解決に取り組もう！

1 単元について

①目標

- 平面図形と数学的な推論についての基礎的な概念や原理・法則などを理解するとともに，事象を数学化したり，数学的に解釈したり，数学的に表現・処理したりする技能を身に付ける。
- 数学的な推論の過程に着目し，図形の性質や関係を論理的に考察し表現することができる。
- 基本的な図形の性質について，数学的活動の楽しさや数学のよさを実感して粘り強く考え，数学を生活や学習に生かそうとする態度，問題解決の過程を振り返って評価・改善しようとする態度を身に付ける。

②評価規準

知識・技能	思考・判断・表現	主体的に学習に取り組む態度
・平行線や角の性質を理解している。 ・多角形の角についての性質を見いだせることを知っている。 ・平面図形の合同の意味及び三角形の合同条件について理解している。 ・証明の必要性と意味及びその方法について理解している。 ・合同などの図形の性質を使って線分の長さや角の大きさを求めることができる。	・基本的な平面図形の性質を見いだし，平行線や角の性質を基にしてそれらを確かめ説明することができる。	・図形の性質などを証明することの必要性と意味を考えようとしている。 ・平面図形の性質や証明について学んだことを生活や学習に生かそうとしている。 ・平面図形の性質や証明を活用した問題解決の過程を振り返って評価・改善しようとしている。

③指導計画と主な評価の観点

節	時	指導内容	学習内容	主な評価の観点		
				知・技	思・判・表	態度
角と平行線	1	学習してきた図形の特徴の振り返り	小学校で学習してきた図形の特徴について分析しよう			○
	2	いろいろな角	対頂角，同位角，錯角の位置関係を理解しよう	○		
	3	平行線と角	平行線と同位角・錯角の関係を考えよう	○		
	4	三角形の内角と外角	三角形の内角の和が180°になることを説明しよう		○	
	5	多角形の内角	多角形の内角の和の求め方を考えよう		○	
	6	多角形の外角	多角形の外角の和の求め方を考えよう		○	
	7	図形の性質の利用①	角の大きさを根拠を明確にして求めよう	○		
	8	図形の性質の利用②	点Pが動いたときにできる角の大きさを求めよう①		○	
	9		点Pが動いたときにできる角の大きさを求めよう②		○	○
図形の合同	10	合同な図形	合同な図形の性質を調べよう	○		
	11	三角形の合同条件①	2つの三角形が合同であるための条件を考えよう①		○	
	12	三角形の合同条件②	2つの三角形が合同であるための条件を考えよう②	○		
	13	証明の仕組み	証明の進め方を理解しよう	○		
	14	証明の進め方①	仮定と結論を明確にして，証明をしよう①	○		
	15	証明の進め方②	仮定と結論を明確にして，証明をしよう②		○	
	16	証明の進め方③	仮定と結論を明確にして，証明をしよう③		○	○
まとめ	17	章のまとめ	この単元で学んだことをまとめよう	○		○

2 「主体的に学習に取り組む態度」の評価事例（第9時）

①概要

　本単元「平行と合同」は，主に図形の基本的な性質と図形の合同に関する2節構成で展開されることが多い単元です。本時は，全17時間の第9時に当たります。第7時までに，生徒は様々な図形の性質を学習してきています。また，図形の性質を説明する際には，帰納的な考え

方で予想する方法から，演繹的に説明する方法を学んでいます。

本時は，これまでに学習してきた図形の性質を根拠として，角の大きさを求める活動を行います。第8時からの2時間続きで扱い，第9時では，思考・判断・表現とともに，主体的に学習に取り組む態度についても評価します。

②本時の目標と評価規準

目標

学習してきた図形の性質を用いて角の大きさを求める活動を通して，問題解決の過程を振り返り，自分の解き方を改善しようとする態度を身に付ける。

評価規準

・いろいろな補助線を引き，これまで学習してきた図形の性質を根拠として角の大きさを求めることができる。

・図形の性質について学んだことを学習に生かそうとしたり，問題解決の過程を振り返り，自分の解き方を改善しようとしたりしている。

③問題

2直線 ℓ，m が図のように交わり，点Pが2直線の内部にあるとき，$\angle x$ の大きさを根拠を明確にして様々な方法で求めよう。

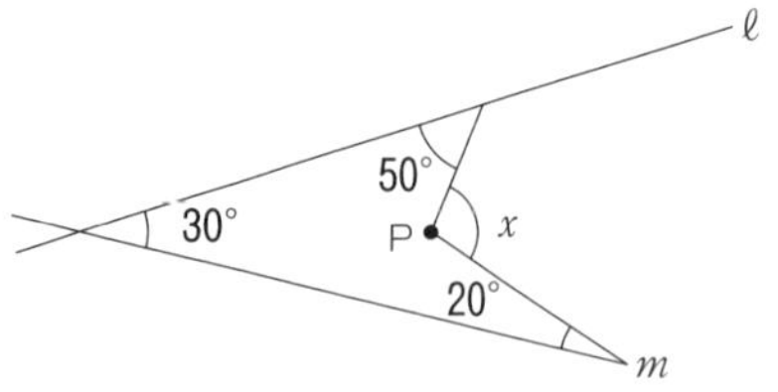

なぜ，その補助線を引こうと考えたか理由も書こう。

④授業展開

O　前時の活動

前時には，点Pが平行線上にある場面から発展させ，平行線の内部や外部に移動したときの，$\angle x$ の大きさを求める活動を行っています。個人追究の後にペアやグループで意見共有などの活動を行い，思考・判断・表現の観点において，評価問題も実施しています。

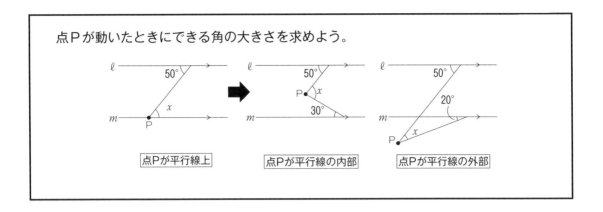

1　個人で問題解決に取り組む

　本時の課題は，前時の内容の条件変更です。そのため，基本的な活動は前時と同様で，学習してきた図形の性質を用いて考察していく点において変わりはありません。また，角の大きさを求める方法を模索する際に補助線を引いて考えることも１つの手立てであることを共有しています。

　本時は，生徒の問題解決に取り組む様子を記述から評価することを重視します。そのため，ここでは個人解決の時間を10分程度確保し，自身の考えを必ず記入させます。また，単に角の大きさを求められたかどうかを見るのではなく，学んできたことをどう問題解決に生かそうとしているかを見ることを伝え，記述した内容は消さないように指示します（私の授業では，ボールペンで書くように指示しています）。

ワークシートの形

2　各自で考えた問題解決の方法を共有する

　ここでは，15分程度の時間を確保し，各自で考えた問題解決の方法を共有します。本時はなるべく多くの意見を共有したいため，自身のワークシートを机上に置き，自由に参観し合うスタイルで展開します。必要に応じて記述した内容に質問してもよいことを伝えます。

T　他者の考えを自由に参観して共有してください。後ほど，自分のワークシートに取り入れたい考え方を記入したり，自分の記述を改善したりする時間を確保します。

S1　私は，補助線を引かずに「四角形の内角の和が360°」を利用して解いたよ。この補助線はどう考えたの？

S2 「三角形の外角は，それに隣り合わ
    ない２つの内角の和に等しい」とい
    う性質を利用して解いたよ。

S1 外角の考え方を使ったことがわかる
    ように○，●を使って表したらわか
    りやすいかも。

S2 この方がわかりやすいね。記述も，
    $30° + 50° + 20° = 100°$ の意味がわか
    るように変えた方がいいね。
    （求める方法の記述は省略）

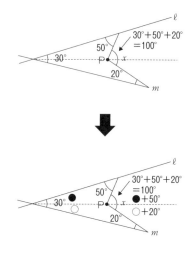

3　いくつかの解き方を比較し，自分なりの考察を追加する

　他者と意見共有をした後に，自分にはなかった考え方を記述する時間を10分程度確保します。
この問題は様々な考え方が生まれるため，他者の考えを読み取る中で自分にとって必要な考え
方を取り入れるようにします。

　また，意見共有をすることで自分の記述の改善点に気付かせます。

4　類題を解き，さらに追究したいことを記述する

　授業の最後には，15分程度で本時の類題を解きます。例えば，問題場面をさらに条件変更し
た次のような問題が考えられます。生徒の実態に合わせて，さらにオープンな課題を設定する
ことも考えられます。ここでは，個人解決の時間のみとし，記述内容について評価の対象とし
ます。解く間際に小さなプリントを配付し，ワークシートに貼り付けるようにします。

　２直線 ℓ，m が図のように交わり，点Pが２直
線の外部にあるとき，∠x の大きさを根拠を明確
にして様々な方法で求めなさい。

　また，前時と本時の学習内容を振り返り，さら
に追究してみたいことや感想などを記入しなさい。

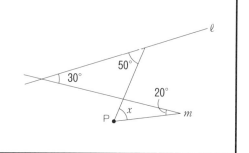

5　TOI・STORY（振り返り）を記録する

　生徒が単元を通して授業で抱いた「問い（TOI）」を記録する活動を行っています。授業の
中での疑問やよくわからなかったこと，不思議に思ったこと，引っかかったこと，さらに追究

したい・考えてみたいことなどを自分が書きたいと思ったタイミングで記入します。それらの「問い」が単元を通して，ストーリーとしてつながっていくことを期待しています。中には，高校の学習へとつながる「問い」が生まれることもあり，未解決の「問い」を残すことも有意義な活動であると考えます。

⑤「主体的に学習に取り組む態度」の評価

　本時の評価規準は，「図形の性質について学んだことを学習に生かそうとしたり，問題解決の過程を振り返り，自分の解き方を改善しようとしたりしている」です。このことを評価するために，既習の図形の性質を活用して問題を解く中で他者の意見を取り入れる場面や自分の解き方を改善する場面を設定しています。また，授業の終盤には本時で扱った問題の類題を解く時間を設定しています。その際の記述を含めて，本時の「主体的に学習に取り組む態度」の評価につなげていきます。

評価	評価の視点
「おおむね満足できる」状況（B）	適切に角の大きさを求めようとしている。問題解決の過程を振り返り角の大きさを求める方法の記述を改善するなど，自身の考察を検討しようとしている。
「十分満足できる」状況（A）	複数の方法で適切に角の大きさを求めようとする姿が見られ，粘り強く考えようとしている。また，前時と本時の内容を比較し，発展的に考えるなど問題解決の過程を振り返ろうとしている。

　はじめに提示した問題や類題において，複数の方法で考察する記述があり，粘り強く問題解決に取り組んでいる姿が見られ，さらに追究したいことの記述の中で前時の内容と関連付けながら一般化や共通点，相違点などについて述べるなど問題解決の過程自体を振り返る記述が見られたら，「十分満足できる」状況（A）と判断できます。

> 　前時の最後にやったように，本時の内容についても3つの角を文字でおいて一般化することをしたい。はじめに解いた問題は，3つの角の和になるのではないだろうか。

「十分満足できる」状況（A）の記述例（角の大きさを求める方法についての記述は省略）

　はじめの問題では，角の大きさを求める方法の記述が不十分だった生徒でも，他者との意見共有を行う中で，自身の考えが深まっていく過程が記述されている場合，「おおむね満足できる」状況（B）と判断できます。

> 　根拠をしっかりと記述することが大切だとわかった。私は，図形の性質を明確に書けていなかったから，そこを意識して類題では記述した。

「おおむね満足できる」状況（B）の記述例（角の大きさを求める方法についての記述は省略）

（和田　勇樹）

2年
図形

三角形と四角形

証明を振り返って，
新たな問題を見いだそう！

1 単元について

①目標

●平面図形と数学的な推論についての基礎的な概念や原理・法則などを理解するとともに，事象を数学化したり，数学的に解釈したり，数学的に表現・処理したりする技能を身に付ける。

●数学的な推論の過程に着目し，図形の性質や関係を論理的に考察し表現することができる。

●図形の合同について，数学的活動の楽しさや数学のよさを実感して粘り強く考え，数学を生活や学習に生かそうとする態度，問題解決の過程を振り返って評価・改善しようとする態度を身に付ける。

②評価規準

知識・技能	思考・判断・表現	主体的に学習に取り組む態度
・証明の必要性と意味及びその方法について理解している。 ・定義，事柄の仮定と結論，逆，反例の意味を理解している。 ・正方形，ひし形及び長方形が平行四辺形の特別な形であることを理解している。	・三角形の合同条件などを基にして三角形や平行四辺形の基本的な性質を確かめたり，証明を読んで新たな性質を見いだしたりすることができる。 ・三角形や平行四辺形の基本的な性質などを具体的な場面で活用することができる。	・図形の性質などを証明することの必要性と意味を考えようとしている。 ・三角形や平行四辺形の性質について学んだことを生活や学習に生かそうとしている。 ・三角形や平行四辺形の性質を活用した問題解決の過程を振り返って評価・改善しようとしている。

③指導計画と主な評価の観点

節	時	指導内容	学習内容	主な評価の観点		
				知・技	思・判・表	態度
三角形	1	「定義」と二等辺三角形	証明で根拠としている事柄を考えてみよう	○		
	2	二等辺三角形の性質①	根拠を考えて二等辺三角形の性質を証明してみよう	○		
	3	二等辺三角形の性質②	二等辺三角形の頂角の二等分線の性質を見いだし，証明してみよう		○	
	4	二等辺三角形になるための条件	三角形にどんな条件が加わると二等辺三角形になるか考えてみよう	○		○
	5	逆，反例	仮定と結論を入れかえた事柄について考えてみよう	○		
	6 7	直角三角形の合同	2つの直角三角形はどんなときに合同であるか考えてみよう	○		○
	8	節の問題	教科書の練習問題に取り組み，学習内容の習熟を図ろう	○	○	
四角形	9 10	平行四辺形の性質①	平行四辺形の性質を証明してみよう	○		
	11	平行四辺形の性質②	平行四辺形の性質を使って，図形の性質を証明してみよう		○	
	12 13	平行四辺形になるための条件①	四角形にどんな条件が加わると平行四辺形になるか考えてみよう	○		○
	14 15	平行四辺形になるための条件②	平行四辺形になるための条件を使って，図形の性質を証明してみよう		○	
	16	特別な平行四辺形①	長方形，ひし形，正方形と，平行四辺形との関係を考えてみよう		○	○
	17	特別な平行四辺形②	長方形やひし形の対角線の性質を調べてみよう	○		
	18	評価課題	証明を振り返って，新たな問題を見いだそう		○	○
	19	平行線と面積	多角形の面積を変えずに，その形を変えることを考えてみよう	○		
	20	節の問題	教科書の練習問題に取り組み，学習内容の習熟を図ろう	○	○	
	21	章の問題	章全体について，学習内容の習熟を図ろう	○	○	

2 「主体的に学習に取り組む態度」の評価事例（第18時）

①概要

　本時は，単元「三角形と四角形」（図形の合同）の第18時に当たります。生徒はこれまでに，三角形の合同条件などを基にして三角形や平行四辺形の基本的な性質を論理的に確かめたり，

証明を読んで新たな性質を見いだしたりすることを行ってきています。この学びを踏まえ，本時では，図形の性質を見いだして証明したことを基に，問題の条件を変えて統合的・発展的に考察する活動を行います。その中で，証明の過程を振り返って新たな問題を見いだそうとしたり，性質を成り立たせる本質的な構成要素（根拠）について粘り強く考察しようとしたりしているかを見取るようにします。

②本時の目標と評価規準

目標

　証明の過程を振り返って新たな問題を見いだし，性質を成り立たせる本質的な構成要素について考察しようとする態度を身に付ける。

評価規準

・見いだした性質を論理的に確かめたり，性質を成り立たせる本質的な構成要素について考察したりすることができる。

・証明の過程を振り返って新たな問題を見いだそうとしたり，性質を成り立たせる本質的な構成要素について粘り強く考察したりしようとしている。

③問題

下の図のように，△ABC の辺 AB，AC をそれぞれ1辺とする正三角形 ADB と正三角形 ACE をかきます。点CとD，BとEを結ぶとき，どのような性質が成り立つでしょう。

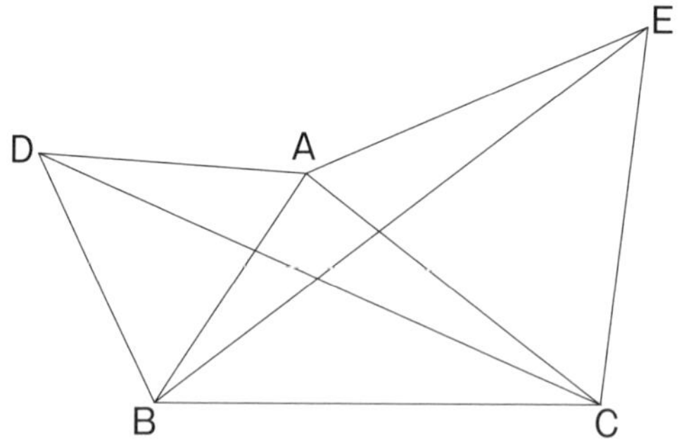

④授業展開

1　問題を把握し，解決の見通しを立てる

　教師が問題を提示します。生徒の反応としては，BE = DC の他に，∠ABE = ∠ADC，△ABE ≡ △ADC などが予想されます。ここでは，BE = DC に焦点化し，解決の見通しを立てます。

T　○○さんは BE ＝ DC が成り立つと予想しました。まずはこの予想に着目してみましょう。BE ＝ DC が成り立つことを証明するには，何が言えればよいでしょうか？

S　それぞれの線分を含む三角形に着目して，△ABE ≡ △ADC の合同が言えればよいと思います。

T　では，BE ＝ DC が成り立つことを各自で証明してみましょう。

2　証明を全体で共有し，振り返って新たな問題を見いだす

　BE ＝ DC は次のように証明されることを期待できます。

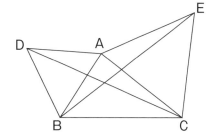

△ABE と△ADC において

△ADB は正三角形であるから　AB ＝ AD　…①

△ACE は正三角形であるから　AC ＝ AE　…②

正三角形の１つの内角は60°であるから

　　　　∠CAE ＝ ∠DAB

また　　∠BAE ＝ ∠CAE ＋∠BAC

　　　　∠DAC ＝ ∠DAB ＋∠BAC

よって　∠BAE ＝ ∠DAC　…③

①，②，③より，２組の辺とその間の角がそれぞれ等しいから

　　　　△ABE ≡ △ADC

合同な図形の対応する辺は等しいから

　　　　　BE ＝ DC

　証明から，△ABE ≡ △ADC を示すには２組の辺とその間の角がそれぞれ等しいことが言えればよく，△ADB と△ACE が正三角形であることはその１つの場合に過ぎないことがわかると，AB と AC の外側につくる図形は例えば正方形でもよい，というように発展的に考えることができます。そこで，証明を全体で共有した後，証明を振り返って新たな問題を見いだすことを促します。

T　△ABE ≡ △ADC を成り立たせている問題の条件は何ですか？

S　△ADB と△ACE が正三角形であることです。２組の辺が等しいのはそれらが同じ正三角形の２辺であるからだし，それらの間の角が等しいのはどちらも∠BAC ＋60°になっているからです。

T　そのようにみると，△ABE ≡ △ADC となるのは，AB と AC の外側につくる図形が正三角形であるときだけでしょうか？　自分で問題の条件を変えて，△ABE ≡ △ADC を

示し，BE ＝ DC を証明してみましょう。その際，なぜそのように条件を変えようと思ったのかも書いてみましょう。

3　見いだした問題をペア・小集団および全体で共有し，考察する

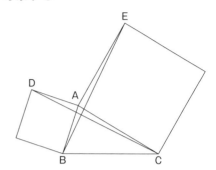

　各自が見いだした新たな問題をペアや小集団で共有したうえで，全体でも共有します。全体では，できれば複数取り上げ，そのうち例えば AB と AC の外側に正方形をつくる場合に着目し，その証明を比較することが考えられます。

T　これらの証明を比べると，何がわかるでしょう？
S　「正三角形」であったところがすべて「正方形」に，「60°」だったところが「90°」になっていて，他はすべて同じになっています。
T　結局，どんな問題の条件であれば BE ＝ DC となるのでしょうか？
S　AD ＝ AB，AC ＝ AE，∠DAB ＝∠CAE となる図形であれば常に成り立ちます。
T　証明を振り返ることで，性質が成り立つにあたって欠かせない条件が何であるかを探ることができましたね。

4　振り返りを記述する

　自分の考えた過程を振り返り，大切だと思った考え方やまだはっきりしないことを記述させます。その際，大切だと思った考え方についてはその理由を，はっきりしないことについては具体的に，記述するよう促します。

⑤「主体的に学習に取り組む態度」の評価

　はじめに，本時は，「主体的に学習に取り組む態度」だけでなく「思考・判断・表現」の評価についても記録に残すことを想定している点に注意が必要です。見いだした問題の「質」や，実際に本質的な構成要素を見いだせているかどうかは，「思考・判断・表現」の方で評価します。「主体的に学習に取り組む態度」としては，評価規準に沿って，「証明の過程を振り返って新たな問題を見いだそうとしたり，性質を成り立たせる本質的な構成要素について粘り強く考察したりしようとしている」かについて評価します。

　また，本時は，証明を振り返って新たな問題や性質を見いだすことの指導をこれまでにも機会あるたびに行ってきている前提，すなわち上記の「主体的に学習に取り組む態度」についてこれまでにも育成を図ってきている前提で，記録に残す評価として実施するものです。

　具体的には，最初の証明を振り返った後の記述内容や，最後の振り返りの記述内容を評価し

ます。例えば，問題の条件を変えた場合を複数あげ，そのように考えた理由を最初の証明と関連付けて具体的に記述できていれば「十分満足できる」状況（A）と判断できます。なお，最初の証明を振り返った後の記述が具体的でなくとも，最後に記述した授業の振り返りが具体的であり，性質を成り立たせるのに欠かせない条件（根拠）について考察したりしていることがわかれば，それも「十分満足できる」状況（A）と判断できます。

また「努力を要する」状況（C）になりそうな生徒，すなわちノートやワークシートに何も書けない生徒は，最初の証明を理解できていない可能性があるため，机間指導の際にその内容について再確認するとともに，今は辺の外につくる図形が正三角形でないと△ABE ≡ △ADCが成り立たないかどうかを考えている，という趣旨を確認するようにします。

以下は，生徒のノートの記述例に対する評価と評価の視点の例です。

評価	評価の視点
「おおむね満足できる」状況（B）	問題の条件を変えた場合をあげ，問題の条件を変えた理由を，最初の証明と関連付けて記述している。
「十分満足できる」状況（A）	問題の条件を変えた場合を複数あげ，問題の条件を変えた理由を，最初の証明と関連付けて具体的に記述している。

> ABとACの外につくる図形が正方形であるときにBE = DCが成り立つことを証明する（証明略）。なぜ正方形に変えたかというと，正三角形のときの証明に使用した仮定はすべて，△ABCの辺ABとACを1辺としてつくられた図形が，それぞれすべての辺が等しく，すべての内角が等しいことから成り立っているから。こう考えると，正方形だけじゃなくて正多角形ならいつでもBE = DCが成り立つ。

「十分満足できる」状況（A）の記述例

この生徒は，問題の条件を変えた理由を最初の証明と関連付けて具体的に記述しており，正方形だけでなく正多角形まで言及していて，証明を振り返って新たな問題を見いだそうとしたことがよくわかることから，「十分満足できる」状況（A）と判断しました。

> ABとACの外につくる図形が正方形であるときにBE = DCが成り立つことを証明する（証明略）。最初の証明をもとにすると，正方形にしても成り立つと思った。正五角形にしても成り立ちそう。

「おおむね満足できる」状況（B）の記述例

この生徒は，証明をどのように振り返って新たな問題を見いだそうとしているかまでは読み取れませんが，問題の条件を変えて証明をしていることと，最初の証明を基にしていることは読み取れることから，「おおむね満足できる」状況（B）と判断しました。最後の振り返りで例えば「頂角が等しい二等辺三角形なら成り立つとわかる」といったようにさらに考察を進めたことが読み取れれば「十分満足できる」状況（A）と判断します。　　　　　　　（小林　廉）

確率

どの点が一番当たりやすいのか，確率を使って説明しよう！

1 単元について

①目標

● 確率についての基礎的な概念や原理・法則などを理解するとともに，事象を数学化したり，数学的に解釈したり，数学的に表現・処理したりする技能を身に付ける。

● 不確定な事象の起こりやすさについて考察することができる。

● 不確定な事象の起こりやすさについて，数学的活動の楽しさや数学のよさを実感して粘り強く考え，数学を生活や学習に生かそうとする態度，問題解決の過程を振り返って評価・改善しようとする態度を身に付ける。

②評価規準

知識・技能	思考・判断・表現	主体的に学習に取り組む態度
・多数回の試行によって得られる確率と関連付けて，場合の数を基にして得られる確率の必要性と意味を理解している。 ・同様に確からしいことについて理解している。 ・簡単な場合について確率を求めることができる。	・同様に確からしいことに着目し，場合の数を基にして得られる確率の求め方を考察し表現することができる。 ・確率を用いて不確定な事象を捉え考察し表現することができる。	・場合の数を基にして得られる確率の必要性と意味を考えようとしている。 ・確率について学んだことを生活や学習に生かそうとしている。 ・確率を活用した問題解決の過程を振り返って評価・改善しようとしている。

③指導計画と主な評価の観点

節	時	指導内容	学習内容	主な評価の観点		
				知・技	思・判・表	態度
場合の数を基に	1	同様に確からしいこと	起こりやすいのはどれか説明しよう	○		

した確率	2	確率の求め方①	実験によらないで，確率を求めることができないか考えよう	○		
	3	確率の求め方②	起こりうる場合を数え上げ，同様に確からしいか判断しよう		○	
	4	いろいろな確率①	起こりうる場合を，もれや重なりがないように数え上げ，確率を求めよう①	○		
	5	いろいろな確率②	起こりうる場合を，もれや重なりがないように数え上げ，確率を求めよう②		○	
	6	小単元の振り返り	場合の数を基にした確率の求め方について振り返り，自分の解き方を改善しよう	○		○
確率による説明	7	確率による説明①	事柄の起こりやすさを，確率を基にして説明しよう①		○	
	8	確率による説明②	事柄の起こりやすさを，確率を基にして説明しよう②		○	○
	9	小単元の振り返り	事柄の起こりやすさを，確率を基にして説明することがどの程度身に付いているかを自己評価しよう		○	○
	10	単元の振り返り	単元全体の学習内容についてのテストに取り組み，単元で学習したことがどの程度身に付いているかを自己評価しよう	○	○	○

2 「主体的に学習に取り組む態度」の評価事例（第8時）

①概要

　本時は，単元「確率」（全10時間）の第8時に当たります。前時では，くじ引きをするとき，何番目に引くかで当たりやすさに違いがあるかどうかについての問題を，確率を用いて解決する活動に取り組んでいます。この学びを踏まえ，本時では，「さいころくじ」をするとき，どの点が一番当たりやすいかについての問題を，確率を用いて解決する活動に取り組みます。

②本時の目標と評価規準

目標

　「さいころくじ」では，点A～Dのどの点が一番当たりやすいかについての問題を，友だちと説明し合いながら確率を用いて解決しようとする態度を身に付ける。

評価規準

・場合の数を基にして得られる確率を用いて問題解決することができる。

・不確定な事象の起こりやすさについて学んだことを学習に生かそうとしている。

③問題

太郎さんは，地域のお祭りで行われる人気の「さいころくじ」を企画・運営することになりました。

「さいころくじ」のやり方は，次の通りです。

「さいころくじ」のやり方

　右の図のように，正方形ABCDの頂点Aの位置に点Pを置く。

　1から6までの目のある2個のさいころを1回投げて，出た目の数の和だけ，点Pは左回りに頂点を順に1つずつ移動する（それぞれのさいころにおいて，1から6までのどの目が出ることも同様に確からしい）。

　点Pが頂点□□□の位置に移動すれば当たりとする。

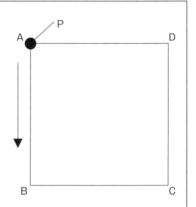

太郎さんは，「なるべく当たりやすいくじにしたい」と考えています。

点A～Dのどの点が一番当たりやすいのでしょうか。

(中村ほか，2021)

④授業展開

1　問題場面を把握する

　お祭りの企画で「さいころくじ」を行うときに，企画・運営者の立場で，どの点が一番当たりやすいのかを考える，という場面を設定します。

S　（A：5人，B：0人，C：12人，D：11人）
T　どうしてそう思ったのかな？
S　和が2でCに移動だから，Cが一番当たりやすそう。
T　どうやって確かめればよいのかな？
S　確率を求めて調べればよい。

　点A～Dのどの点が一番当たりやすいのか，確率を使って説明しよう。

2　全体で解決を共有する

　個人思考時に樹形図，表を使った考えを両方とも同時に板書させたうえで以下のように投げかけ，ペアで説明し合う時間を設定します。教師は机間指導し指名計画を立てます。

T　　表から確率を求められるという人がいました。どのように考えればよいのかな？
　　　（その後，全体で解決を共有する）

S1　この表の数字は，2つのさいころの目の和を表していて，例えば，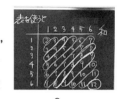
　　　両方とも1だったら和は2になって，点Cに移動する。同じように，
　　　点Cに移動するときは，さいころの目の和が2，6，10のときだか
　　　ら9通りあって，さいころの和の出方について起こりうる場合は全
　　　部で36通りあって，どの場合が起こることも同様に確からしいから，確率は$\frac{9}{36}$になる。

T　　S1さんの説明に納得できた人は手をあげてください。S2さん，どこの部分で悩んで
　　　いるのかな？

S2　点Cに移動するとき，さいころの目の和が2というのはわかるけど，6や10のときって
　　　いうところがよくわからない。

S1　例えば，さいころの目が1と5だった場合，和が6なんだけど，点Pはこうやって動く
　　　よね（A→B→C→D→A→B→Cの順にマグネットを動かす）。だから，和が6だっ
　　　たら，点Pは点Cに移動する。

T　　S2さん，納得できたかな？　和が10のときに点Cにくるのか説明できるかな？

S2　例えば，さいころの目が4と6だった場合，和が10で，点Pはこうやって動く（A→B
　　　→C→D→A→B→C→D→A→B→Cの順にマグネットを動かす）。だから，和が10
　　　だったら，点Pは点Cに移動する。

T　　S2さんは，納得できていない部分があったけれど，S1さんの説明で納得できたよう
　　　ですね。そして，納得できたことを基に，自分の言葉で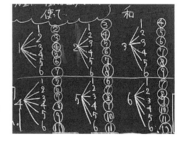
　　　も説明することもできていましたね。このように，友だ
　　　ちと協力して納得できなさを乗り越えようとする学級の
　　　空気が大切だと私は思います。ところで，この問題につ
　　　いて，樹形図で考えていた人もいたようです。表の和は，
　　　この樹形図ではどこに表れているのかな？

S　　表の和は，樹形図のこの右に書いてある数。この数を見て，表のときと同じように何通
　　　りあるのか調べればいい。

3　解決を振り返り，解決において大切であった考え方をまとめる

　全体で解決を共有した後，ここまでの解決を振り返り，授業の内容と関連付けて次に同じような問題について考えるときにはどのようなことに気を付けたいか，次にどんなことを考えると学びが深まると思うかをノートに書きます。

4　条件変更により発展的に考察する

　次にどんなことを考えると学びが深まると思うかに対する生徒の反応を基にして，導入問題の条件変更により，もっと当たりやすいくじにするためにはどうすればよいのかを探る場面を設けます。

T　ここまでを振り返って，点A～Dのどれが一番当たりやすいのかな？
S　確率は，点Dの位置に移動する確率が$\frac{10}{36}$で一番大きいので，点D。
T　このやり方だと，点Dが当たりやすいところでしたね。もっと，多くの人に喜んでもらえるように，当たりやすいくじにするには「『さいころくじ』のやり方」のどの条件をどのように変えればよさそうかな？
S　当たりになる頂点を増やせばいいけど，おもしろくない。
S　形を，正方形じゃなくて，三角形とか他の形にしたらどうなるのかな？
S　さいころの数を増やしたら，確率が変わるかもしれない。
S　和じゃなくて，積とか差に変えるのも考えられる。
T　この中でどの条件変更について考えてみたいかな？　自分で選んで考えよう。

⑤「主体的に学習に取り組む態度」の評価

　本時の評価規準は，「不確定な事象の起こりやすさについて学んだことを学習に生かそうとしている」です。このことを評価するために，授業展開「3」で，解決を振り返る場面を位置付けます。このとき，1つの切り取られた場面だけを評価するのではなく，「学びに向かう力，人間性等」を育ててから評価することを大切にします。解決過程で，生徒のよい姿を認め，その価値を学級全体に伝えていくなど確率を用いて説明しようとするように促す「指導あっての評価」と考えるわけです。具体的には，授業展開「2」の下線部の通り，生徒の確率を用いて説明する表現に対して，納得できていない生徒にどこで困っているのかを尋ね，学級全体で困り感を共有し乗り越えていけるように働きかけ，学習改善が進むようにします。また，困っている部分を共有した後，S1の説明を聞いてS2が納得できているからよしとせずに，S2を再度指名して，和が10のときに点Cにくることを自分の言葉で説明させるようにします。こうした解決過程を通したうえで，解決を振り返る場面を位置付けるのです。

　振り返りでは，次に同じような問題について考えるときにはどんなことに気を付けたいかを授業の内容と関連付けてノートに書かせます。記述への評価と評価の視点の例は次の通りです。

評価	評価の視点
「おおむね満足できる」状況（B）	本時の学習を振り返り，次に同じような問題について考えるときにはどのようなことに気を付けたいかを授業の内容と関連付けてノートに記述している。
「十分満足できる」状況（A）	（B）に加え，第10時で「事柄の起こりやすさを，確率を基にして説明する問題」が解決できている。

B　次に同じような問題について考えるときには，同様に確からしいことに着目して，起こりうる場合を表や樹形図を用いて，もれなく重複なく数え上げることに気を付ける。

B○　はじめは，起こりうる場合を樹形図を用いて数え上げて，点Cに移動する確率が$\frac{9}{36}$になることがよくわからなかったけど，S1の説明を聞いて，さいころの目の和が6や10になるときもあることに気付けて納得できた。次に同じような問題について考えるときには，問題場面がどんな状況なのか，いろいろな場合を試して理解できるように気を付ける。

生徒の記述例

　このように記述できていても，単元末テストの「事柄の起こりやすさを，確率を基にして説明する問題」が解決できていなかった場合は，学習の調整が十分にできているとは言えない状態で，事後指導が必要なのでAにはできません。この点には注意が必要です。

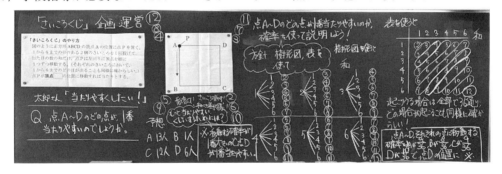

【引用・参考文献】
・中村由香里ほか『高校入試の確率の問題を探究する―中・高の指導の重点をとらえる―』（第103回全国算数・数学教育研究（埼玉）大会発表要旨集，2021）

（赤本　純基）

データの比較

多様な視点（データ）から，
自分の主張をまとめよう！

1 単元について

①目標

●データの分布についての基礎的な概念や原理・法則などを理解するとともに，事象を数学化したり，数学的に解釈したり，数学的に表現・処理したりする技能を身に付ける。

●複数の集団のデータの分布に着目し，その傾向を比較して読み取り批判的に考察して判断することができる。

●データの分布について，数学的活動の楽しさや数学のよさを実感して粘り強く考え，数学を生活や学習に生かそうとする態度，問題解決の過程を振り返って評価・改善しようとする態度を身に付ける。

②評価規準

知識・技能	思考・判断・表現	主体的に学習に取り組む態度
・四分位範囲や箱ひげ図の必要性と意味を理解している。 ・コンピュータなどの情報手段を用いるなどしてデータを整理し箱ひげ図で表すことができる。	・四分位範囲や箱ひげ図を用いてデータの分布の傾向を比較して読み取り，批判的に考察し判断することができる。	・四分位範囲や箱ひげ図の必要性と意味を考えようとしている。 ・データの分布について学んだことを生活や学習に生かそうとしている。 ・四分位範囲や箱ひげ図などを活用した問題解決の過程を振り返って検討しようとしたり，多面的に捉え考えようとしたりしている。

③指導計画と主な評価の観点

節	時	指導内容	学習内容	主な評価の観点		
				知・技	思・判・表	態度
データの比較	1	四分位数や箱ひげ図とは	携帯電話の通信速度を表すのに使われる，「箱ひげ図」「四分位数」ってなんだろう	○		○
	2	箱ひげ図等を根拠に判断し，その理由を説明する	コンピュータ等を用いて，箱ひげ図をかいてみよう。また箱ひげ図が表す事柄を基に，どの携帯会社がよいか判断しよう	○	○	
	3	箱ひげ図とヒストグラムの関係について考察する	「箱ひげ図」は分布を正確に表すか，ヒストグラムと比較して検討しよう	○	○	
	4	社会データを批判的に考察する	箱ひげ図等のデータを基に，横浜市と那覇市の８月の気温の違いを説明しよう		○	○
	5 6	箱ひげ図を用いた問題解決	万歩計が正確に測れるのは，どのような場合か調べよう		○	○

2 「主体的に学習に取り組む態度」の評価事例（第4時）

①概要

　本時は，単元「データの比較」（全6時間）の第4時に当たります。本時までに，複数のデータセットを簡便に比較・分析する方法として四分位数・箱ひげ図を導入し，その特徴や，箱ひげ図が有用な場面等について学習してきています。また毎回のワークシート及び Microsoft Forms の中で振り返りをまとめてきており，随時授業改善のための評価としても活用しています。これらを踏まえ，本時では社会的な話題について批判的に考察する場面を設定し，結論を導いた理由をデータに基づいて説明していくよう展開していきます。多様な考えに触れる中で自らの考えを振り返り，より洗練された考えへとつなげていく活動を行います。

②本時の目標と評価規準

目標

　横浜市と那覇市の８月の気温の違いについて，データに基づいた多様な考えに触れる中で，自分なりの結論をよりよく改善しようとする態度を身に付ける。

評価規準

・横浜市と那覇市の８月の気温の違いについて，データに基づいて結論を述べることができる。
・四分位範囲や箱ひげ図について学んだことを学習に生かそうとしている。
・多様な考えを認め，自分なりに結論をよりよく改善しようとしている。

③問題

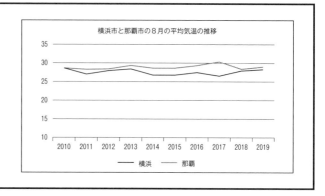

沖縄は本当に特別暑いのだろうか。
データを基に判断しよう。
（データは気象庁ＨＰより）

横浜市と那覇市の８月の平均気温の推移

④授業展開

1　問題場面を把握する

　導入ではまず，次のように問いかけるところから始めます。

T　沖縄といえば，青い空，青い海，そして暑いイメージがありますが…
　　（上記の折れ線グラフを提示し）これを見て，横浜と比較してどう思う？
S　沖縄の方がやっぱりあつ…，というわけでもない!?
S　あんまり変わらないね。でも，湿度が高いのでは？
T　（湿度のデータも提示）湿度はこんな感じです。
S　むしろ横浜の方が湿度高いときもあるね。ヒート
　　アイランド現象とか…？
S　いや，これ平均気温だから，もしかすると気温に
　　散らばりが…

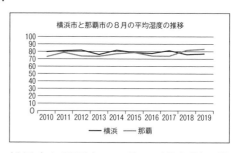

横浜市と那覇市の８月の平均湿度の推移

　ここでは“批判的に考察したくなるデータ”として，横浜市と那覇市の８月の平均気温の推移のデータを提示します。パッと見の違いの少なさから，その土地の暑さを考えるための多様な変数に着目させます。

　なお，学びに向かう力として「生活や学習に活用していく態度」を涵養していくわけですから，ここでは，上述の「ヒートアイランド現象とか…？」のような，データから直接読み取ったことではないけれど，データから推測できることについて述べている生徒についても「実生活の場面につなげて考えている」という点で価値付けてあげられるとよいでしょう。ただし，その際には，それが事実の読み取りではなく推論であることに留意させる必要があります。

　この場面では，生徒が散らばりに着目していくことが重要になります。平均値がデータの分

布を代表する値であり，散らばりそのものを表しきれていないことに言及させたいところです。

2　別の視点から考察する

T　それぞれの年ごとに，２つの都市の散らばりを見るにはどうすればいいかな？　度数分布多角形？

S　全部の？　それは大変だよ…。

S　それこそ，この前やった箱ひげ図でしょう。

T　そうか。平均気温を出すために使った元データがあるから，それを使って箱ひげ図をつくってみようか。

前時まででコンピュータを用いて箱ひげ図をつくっているので，生徒にもできない作業ではないですが，ちょっとデータ数が多く，この後の活動を充実させたいので，ここでは教師が箱ひげ図作成ソフトを用いて画面上で箱ひげ図をつくる様子を見せます。箱ひげ図ができ上がると，２つの都市の印象が大きく変わります。そこで，「この２つの並行箱ひげ図のデータセットから読み取れることを，ペアで共有しよう」と発問します（ここは短めに）。ここでは視点として，範囲の小ささや最小値の違い等があげられます。特にここでは「データから読み取れる事実」にまず着目するこ

とと，必ずしも結論に関係しそうになくても，データから読み取れることはとりあえず書き出してみるような支援が必要です。前者は根拠のないイメージに引きずられると考察が進まないためで，後者はとりあえず書き出してみないと見えてこないことがたくさんあるためです。ここでのやりとりを踏まえて，一度それぞれのノートに自分なりの結論をまとめておきます。

3　全体で発散的な共有を行う

ペアでの活動を受けて，実際にどのようなことが言えるか，「主張（すなわちどちらの方が暑いと言えるのか，言えないのか）」と，「その根拠となるデータ」について発表していきます。

T　ではみなさん，どうですかね？　データからまずみなさんの主張を聞きたいと思います。

S　沖縄の方がやっぱり暑いね。（ここに多く票が集まる）

S　いや，これでもあんまり変わらないと思う。

T　じゃあ，そのように結論を出した根拠として，データのどこに着目しましたか？

S （沖縄派）やはり範囲です。横浜は最大で15℃ほど，それ以外でも大きく違います。でも那覇はだいたい５℃くらいで収まっています。

S もう少し細かく見ると，最小値から第１四分位数，ないし中央値までの幅が，沖縄はとても小さいです。一方横浜はその反対の部分が大きい。

S 平均値を見ると…

4 振り返りを行い，結論をまとめる

　３の活動では，確認こそするものの，結論について合意形成は図りません。むしろ，それぞれの考えを聞いたうえで，もとのペアで考えていたときの考えからさらに進んで，自分がこの問題に対しどのような結論を述べていくか，その中で「多様な考えに触れる中で，自分の出した結論について振り返り，修正しようとしているか」を評価していきたいと考えます。したがって，まとめをする際には，「もともとの自分の考えや，他の人の意見を踏まえて，自分なりの結論を具体的にまとめましょう。特に，修正したり，変化したりした点がわかるように書けるといいですね」と投げかけ，そのプロセスが見取れるようにします。

⑤「主体的に学習に取り組む態度」の評価

　本時の評価規準は，「四分位範囲や箱ひげ図について学んだことを学習に生かそうとしている」「多様な考えを認め，自分なりに結論をよりよくしようとしている」であり，この評価のために「結論を改善する活動」を行います。

　まず，本時までに学んだ四分位範囲・箱ひげ図を生活場面で活用する視点を見いだせる場面を提示し，データにかかわるこれまでの学習を踏まえて自分なりに読み取り，結論を述べさせます。次に，それぞれの結論とその根拠となるデータについて全体で共有します。ここでは何らかの結論に収束せず，風呂敷を広げた状態にし，改めて自分なりに重要だと思う事柄をまとめながら，元の問題に対して結論を述べていきます。ここでは，数学的な妥当性にはあまりこだわらず，自分の考えを改善しようとしているか，多様な視点から考察できているかといった部分に焦点を当てて見取っていきたいところです。

　例えば，箱ひげ図から判断していく場合，範囲だけでなく箱の大きさやそこに入っているデータの数など具体的に複数の視点から考察していたり，他者の考えを聞いて考えを加えたり修正したりしている様子が見えるものは「十分満足できる」状況（A）と判断できます。「努力を要する」状況（C）になりそうな生徒に対しては，机間指導の中で他の人の考えに関する板書やノートの記述をよく見させながら，とりあえず結論を聞いてみます。そう考えた理由と，出した結論に結び付きそうな考えはどれか，指摘させます。

　次に示すのは，生徒のノートの記述例に対する評価と評価の視点の例です。

評価	評価の視点
「おおむね満足できる」状況（B）	複数の視点から，データに基づいて自分なりの結論を述べている。
「十分満足できる」状況（A）	多様な視点から，自分なりの結論を述べている。また，全体共有での議論を自分の考えの修正に生かそうとしている。

「十分満足できる」状況（A）の記述例

　この生徒は，箱ひげ図の特徴を用いていくつかの視点から詳細に分析し，結論を述べていることから，「十分満足できる」状況（A）と判断しました。この記述だけではわかりませんが，この生徒は，はじめは「範囲」のみに着目して記述していたところ，全体共有の中で考えを修正しています。さらには，多様な視点で見ていくことの必要性について述べている点でも，「多様な考えを認め，自分なりに結論をよりよくしようとしている」といえ，主体的に学習に取り組む態度がはぐくまれているものと考えます。

「おおむね満足できる」状況（B）の記述例

　この生徒は，範囲に着目しており，後ろの記述では四分位範囲にも言及しているようではあるので，いくつかの視点からは見ていますが，全体共有の中であげられた考えが，自分の考えを修正していくことに活用できていないことから，「おおむね満足できる」状況（B）と判断しました。特に「自己調整」にかかわる評価は，変化の見取りが重要な部分ですから，いずれの評価についても，最終的な結論のみならず，その過程における生徒の発話等も含めて見取ることが重要であると考えます。

（峰野　宏祐）

多項式

目的に応じて式を変形し，
数の新たな性質を見いだそう！

1　単元について

①目標

●多項式についての基礎的な概念や原理・法則などを理解するとともに，事象を数学化したり，数学的に解釈したり，数学的に表現・処理したりする技能を身に付ける。

●数の範囲に着目し，数の性質や計算について考察することができる。

●簡単な多項式について，数学的活動の楽しさや数学のよさを実感して粘り強く考え，数学を生活や学習に生かそうとする態度，問題解決の過程を振り返って評価・改善しようとする態度を身に付ける。

②評価規準

知識・技能	思考・判断・表現	主体的に学習に取り組む態度
・単項式と多項式の乗法及び多項式を単項式でわる除法の計算をすることができる。 ・簡単な一次式の乗法の計算及び次の公式を用いる簡単な式の展開や因数分解をすることができる。 $(x+a)(x+b)=x^2+(a+b)x+ab$ $(x+a)^2=x^2+2ax+a^2$ $(x-a)^2=x^2-2ax+a^2$ $(x+a)(x-a)=x^2-a^2$	・すでに学習した計算の方法と関連付けて，式の展開や因数分解をする方法を考察し表現することができる。 ・文字を用いた式で数量及び数量の関係を捉え説明することができる。	・式の展開や因数分解の必要性と意味を考えようとしている。 ・多項式について学んだことを生活や学習に生かそうとしている。 ・文字を用いた式を活用した問題解決の過程を振り返って評価・改善しようとしている。

③指導計画と主な評価の観点

節	時	指導内容	学習内容	主な評価の観点		
				知・技	思・判・表	態度
多項式の乗法と除法	1	単項式と多項式の乗法	単項式と多項式の乗法の計算の仕方を理解しよう	○		○
	2	多項式÷単項式	多項式を単項式でわる除法の計算をすることができるようになろう	○		
	3	項が2つの多項式の乗法	単項式と多項式の乗法の計算を基に，多項式どうしの乗法の計算方法を見いだそう	○		
	4	項が多い場合の式の展開	既習内容を組み合わせて，式の展開方法を考えよう		○	○
	5	乗法公式①	$(x + a)(x + b) = x^2 + (a + b)x + ab$	○		
	6	乗法公式②	$(x + a)^2 = x^2 + 2ax + a^2$ $(x - a)^2 = x^2 - 2ax + a^2$	○		
	7	乗法公式③	$(x + a)(x - a) = x^2 - a^2$	○		
	8	いろいろな式の展開	共通する式の一部を1つの文字に置き換え，乗法公式で式を展開しよう		○	○
	9	1節の練習問題	教科書の練習問題に取り組み，学習内容の定着を図ろう	○	○	
因数分解	10	共通因数をくくり出す因数分解	共通な因数をくくり出して，多項式を因数分解する方法を見いだそう	○		
	11	因数分解の公式①	$x^2 + (a + b)x + ab = (x + a)(x + b)$	○		
	12	因数分解の公式② 因数分解の公式③	$x^2 + 2ax + a^2 = (x + a)^2$ $x^2 - 2ax + a^2 = (x - a)^2$ $x^2 - a^2 = (x + a)(x - a)$	○		
	13	いろいろな式の因数分解	ある式を1つの文字に置き換えて，多項式を因数分解しよう		○	○
	14	2節の練習問題	教科書の練習問題に取り組み，学習内容の定着を図ろう	○	○	
式の活用	15	式の活用①	乗法公式や因数分解の公式を利用して，数の計算をしよう		○	○
	16 17	式の活用②	乗法公式や因数分解の公式を利用して，数の性質を調べよう		○	○
	18	章の問題	教科書の練習問題に取り組み，学習内容の習熟を図ろう	○	○	

2 「主体的に学習に取り組む態度」の評価事例（第17時）

①概要

　本時は，単元「多項式」（全18時間）の第17時に当たります。前時までに，乗法公式を用いた式の計算，因数分解を用いた式の変形の習熟を図っています。そこで本時は，乗法公式，因数分解の公式を活用して，目的に応じて適切に式を変形することで，数の性質を見いだす学習をします。2年生で，文字式を用いて整数の性質を説明する学習をしてきました。この既習内容を生かして，文字を用いた式で数量及び数量の関係を捉え説明することができるようにし，目的に応じて式を変形するよさや必要性についての理解を一層深めていきます。

②本時の目標と評価規準

目標

　乗法公式，因数分解の公式を活用して，目的に応じて式を変形することで数の性質を説明し，数の新たな性質を見いだそうとする態度を身に付ける。

評価規準

・乗法公式，因数分解の公式を使って，目的に応じて式を変形することができる。
・数や図形の性質などが成り立つことを，文字を使った式で説明することができる。
・計算結果の式を変形して，数の新たな性質などを読み取り，表現することができる。
・乗法公式や因数分解の公式を使って，課題の解決に取り組もうとしている。
・目的に応じて式を変形することで，連続する奇数の積に1を加えた数の新たな性質を見いだそうとしている。

③問題

> 　連続する2つの奇数の積に1を加えたら，どんな数になるのでしょうか。
> 　いつでも成り立つ性質を調べてみよう。
> 　　　$1 \times 3 + 1 = \boxed{}$
> 　　　$3 \times 5 + 1 = \boxed{}$
> 　　　$5 \times 7 + 1 = \boxed{}$
> 　　　$7 \times 9 + 1 = \boxed{}$

④授業展開

1　成り立つ数の性質を予想する

　具体的な数で計算し，その数の共通点に着目することで，成り立つ数の性質を生徒に予想させます。学習のスタートラインがそろうように，「連続する２つの奇数」の意味を丁寧に押さえます。

T　連続する２つの奇数の積に１を加えたら，どんな数になるのでしょうか？　具体的な数で考えてみましょう。連続する２つの奇数とは，具体的にどんな数ですか？
S　１と３，３と５，５と７，７と９，11と13，13と15，15と17…です。
T　その通りです。では，１と５，７と11，15と31はどうですか？
S　１と５は奇数だけど，連続していないから間違いです。７と11，15と31も同じです。
T　そうですね。問題を正確に捉えられています。それでは，$1 \times 3 + 1$，$3 \times 5 + 1$，$5 \times 7 + 1$，…を計算して，どんな数になるか予想してみましょう。
S　４，16，36，64，100，144…です。
S　４の倍数になります。
T　他に気付いたことはありますか？
S　2^2，4^2，6^2，8^2，10^2，12^2…と，２乗の数になっています。

2　予想した事柄がいつでも成り立つことを説明する方法を考える

　予想した事柄がいつでも成り立つことを確かめるには，文字を用いる必要があることを学級全体で共有します。ここは，教師から与えるのでなく，生徒の言葉を引き出すことが重要です。

T　予想した事柄がいつでも成り立つことを調べるには，どうしたらよいですか？
S　数だと６つの例を調べただけだね。一つひとつ地道に計算しても，すべての場合を確かめることはできない…。
T　２年生のときも，いつでも成り立つ整数の性質を学習したね。思い出してごらん。そのときはどうしたかな？
S　思い出しました！　文字を使って数を表しました。
T　では，文字を使って，予想した事柄を確かめてみましょう。

3　予想を確かめ，数の新たな性質を見いだす

　予想した事柄は「４の倍数になる」「２乗の数になる」であり，このことが正しいかどうか確かめる場面です。ゴールが明確になっているので，生徒は見通しをもって取り組むことができます。

T　連続する２つの奇数を，文字で表すと…？

S　$2n+1$，$2n+3$になります。

T　そうですね。では，連続する２つの奇数の積に１を加えた式は？

S　$(2n+1)(2n+3)+1$になります。乗法公式を利用して式を展開すると，
　　$4n^2+8n+4$になります。

T　そうです。この$4n^2+8n+4$の式から，予想した事柄を確かめるには，どうしたらよいですか？

S　４でくくって，$4(n^2+2n+1)$と式を変形すると，４の倍数です。

S　$4n^2+8n+4$を因数分解すると，$(2n+2)^2$と変形できることから，２乗の数になっていることも説明できます！

T　実は，$(2n+2)$にも特徴があります。

S　何だろう…？

S　連続する２つの奇数は$2n+1$，$2n+3$だから…

S　わかった！　$2n+1$，$\underline{2n+2}$，$2n+3$と並んでいるから，連続する２つの奇数の間にある偶数の２乗になります。

T　今日の授業のまとめを，振り返りシートに記述しましょう。

⑤「主体的に学習に取り組む態度」の評価

　本時の主体的に学習に取り組む態度にかかわる主な評価規準は，「目的に応じて式を変形することで，連続する奇数の積に１を加えた数の新たな性質を見いだそうとしている」です。

　このことを評価するために，以下の２点の活動を位置付けます。

❶連続する奇数の積に１を加えた数の性質がいつでも成り立つことを説明するためには，文字が必要であることやそのよさに気付かせる活動

❷乗法公式や因数分解の公式を能率的に活用し，数の性質について予想したことを確かめ，新たな性質を見いだす活動

　❶は，具体的な数で計算して，その結果から見いだされる事柄は数例であることから，いつでも成り立つ数の性質の説明ではないことを理解させ，文字を用いて説明するよさに気付かせる場面です。具体的な数の計算結果から予想した事柄を，生徒自ら文字を用いて確かめようとする態度をはぐくむために重要な活動です。

　❷は，連続する２つの奇数を文字を用いて表し，乗法公式を活用して，式を計算します。その式を，目的に応じて因数分解の公式を活用して変形することで，いつでも成り立つ数の性質を確かめたり，新たな性質を見いだしたりする場面です。

　授業の最後に行う振り返りシートへの記述は，毎時間取り組ませます。学んだこと，わかったこと，数学のよさ等の視点を与えて，振り返りの充実を図るとともに，主体的に学習に取り組む態度を評価する1つの資料とします。

　以下は，本時の振り返りシートの記述に対する評価と評価の視点の例です。

評価	評価の視点
「おおむね満足できる」状況（B）	いつでも成り立つ数の性質を説明するためには，文字を用いる必要があることを記述している。
「十分満足できる」状況（A）	（B）に加え，文字を用いることのよさや，乗法公式や因数分解の公式を利用することで数の新たな性質を見いだしたり説明したりすることができることを記述している。

　いくつかの数で説明するだけでなく，文字で説明する必要があり，文字を用いれば，どんな場合でもいつでも成り立つ数の性質を説明することができて便利だということがわかりました。また，式を乗法公式で展開し，共通因数でくくったり，因数分解したりすれば，最初に予想していた以外の新しい数の性質を読み取ることもできるということがわかりました。

「十分満足できる」状況（A）の記述例

　上の記述例のように，文字を用いることのよさと，計算した結果の式を変形することで，数の新たな性質を見いだすことができることに気付いた記述が見られれば，「十分満足できる」状況（A）と判断することができます。

　いつでも成り立つ数の性質を説明するためには，文字を使わなければいけない。

「おおむね満足できる」状況（B）の記述例

　この生徒は，いつでも成り立つ数の性質を説明するためには，文字を用いる必要があることには気付いていますが，そのよさにまで触れた記述は見られず，乗法公式や因数分解の公式を活用して数の新たな性質を見いだそうとしたことへの言及も見られないため，「おおむね満足できる」状況（B）と判断しました。

（三戸　　学）

平方根

コピー機に表示されている倍率の秘密を解明しよう！

1 単元について

①目標

● 数の平方根についての基礎的な概念や原理・法則などを理解するとともに，事象を数学化したり，数学的に解釈したり，数学的に表現・処理したりする技能を身に付ける。

● 数の範囲に着目し，数の性質や計算について考察することができる。

● 正の数の平方根について，数学的活動の楽しさや数学のよさを実感して粘り強く考え，数学を生活や学習に生かそうとする態度，問題解決の過程を振り返って評価・改善しようとする態度を身に付ける。

②評価規準

知識・技能	思考・判断・表現	主体的に学習に取り組む態度
・数の平方根の必要性と意味を理解している。 ・数の平方根の大小関係，有理数，無理数の意味を理解している。 ・根号の付いた数を変形することができる。 ・数の平方根を含む簡単な式の計算をすることができる。 ・具体的な場面で数の平方根を用いて表したり処理したりすることができる。	・すでに学習した計算の方法と関連付けて，数の平方根を含む計算の方法を考察し表現することができる。 ・根号の付いた数の近似値の求め方を考察し表現することができる。 ・有理数と無理数により，数の集合を捉え直すことができる。 ・数の平方根を具体的な場面で活用することができる。	・数の平方根の必要性と意味を考えようとしている。 ・数の平方根について学んだことを生活や学習に生かそうとしている。 ・数の平方根を活用した問題解決の過程を振り返って評価・改善しようとしている。

③指導計画と主な評価の観点

節	時	指導内容	学習内容	主な評価の観点		
				知・技	思・判・表	態度
平方根	1	2乗すると2になる数の表し方	面積が2cm²の正方形の1辺の長さを調べよう			○
	2	平方根の意味と表し方	2乗するとaになる数を求めよう	○		
	3	平方根の大小	平方根の大小を調べよう	○		
	4	有理数と無理数	これまで学んできた数を分類しよう	○	○	
根号を含む式の計算	5	平方根の乗法と除法	平方根の乗法や除法の計算方法を考えよう	○	○	
	6	根号の付いた数の変形	根号の付いた数を$\sqrt{a}$や$a\sqrt{b}$の形に変形しよう	○		
	7	根号の付いた数の近似値と分母の有理化	根号の付いた数を変形して近似値を求めよう	○	○	
	8	根号を含む式の乗法と除法	根号を含む式の乗法や除法を工夫して計算しよう	○	○	
	9	根号を含む式の加法と減法①	根号を含む式の加法や減法の計算方法を考えよう	○		
	10	根号を含む式の加法と減法②	根号の付いた数を変形して加法や減法を計算しよう	○		
	11	根号を含む式の展開	根号を含む式を展開しよう	○		
	12	根号を含む式の代入	根号を含む式を代入して式の値を求めよう	○	○	
	13	根号を含む式の計算	根号を含む式の計算練習をしよう	○		
平方根の利用	14	身の回りにある平方根①	コピー用紙の短い辺と長い辺の比を求めよう	○	○	
	15	身の回りにある平方根②	コピー機に表示されている倍率の秘密を解明しよう		○	○
	16	いろいろな問題	平方根のいろいろな問題に挑戦しよう		○	○

2 「主体的に学習に取り組む態度」の評価事例（第15時）

①概要

　本時は，単元「平方根」（全16時間）の第15時に当たります。第13時までに，平方根の意味や表し方，根号を含むいろいろな計算について学習しています。

　また，第14時ではＡ４判とＡ５判とＡ６判の３種類の雑誌や本を提示し，これらの形が同じであることから，Ａ４判はＡ５判の２つ分，Ａ５判はＡ６判の２つ分であることに気付かせ，

さらに，A4判のコピー用紙を半分に折るとA5判になることから，短い辺と長い辺の長さの比が$1:\sqrt{2}$であると求めさせています。

　本時である第15時では，コピー機に表示されている拡大や縮小の倍率の数値の意味を考えさせることにより，社会生活の中にある無理数の存在に気付かせ，無理数に対する興味・関心をさらに高めます。授業の最後に，本時の授業で獲得した知識・技能や考え方を基にして，生徒が自ら発展的な問題を設定し解決するようなレポート課題を課します。一定の期間を与えることにより，生徒が本単元でこれまで学んできたことを生かしながら，計画的に問題解決に向けて粘り強く取り組むことが期待できます。これにより，数の平方根を具体的な場面で活用するときの技能，思考力・表現力・判断力，主体的に学習に取り組む態度の向上を目指します。

②本時の目標と評価規準
目標

　コピー機に表示されている拡大や縮小の倍率からいくつかの数値の意味を考えることにより，数の平方根について学んできたことを活用しようとする態度，発展的な問題を見いだし解決しようとする態度を身に付ける。

評価規準
・コピー機に表示されている倍率の意味を考える場面で，数の平方根を用いて表したり処理したりすることができる。
・数の平方根について学んできたことを基にして，問題解決の方法を考え，求めた結果について考察することができる。
・コピー機に表示されている倍率の問題を解決する過程を振り返って，発展的な問題を見いだし，その解決に向けて自主的な学習計画を考えようとしている。

③問題

> 　コピー機を使ってA5判の資料をA4判に拡大するとき，コピー機のパネルには，倍率が次のように表示されます。
>
> 　　$\boxed{141\%\quad A5 \to A4}$　　※コピー機によって，表示形式は異なります。
>
> 　この倍率141%は，A6判をA5判に，A4判をA3判に拡大する際にも使われます。
> 　では，この141%にはどんな意味があるのでしょうか。
> 　また，A5判をB5判に拡大するときに示される倍率は，何%なのでしょうか。

④授業展開

1　Ａ5判とＡ4判の関係から拡大倍率141%の意味を考える

　141%を1.41倍と表すことにより，その数値が表す意味を予想させ，前時に学習したＡ5判とＡ4判の関係から，予想が正しいことを確認させます。

T　倍率141%を小数で表すとどうなりますか？

S　1.41倍になります。

T　1.41と聞いて，何か思い出すことはありませんか？（気が付く生徒がいない場合には，平方根の近似値が示されている教科書のページを提示する）

S　$\sqrt{2}$ の近似値が1.41421356だから，それを小数第2位まで示した数です。

T　では，1.41倍は $\sqrt{2}$ 倍のことなのか調べてみましょう。前回の授業でどんなことを学習しましたか？

S　Ａ判の紙の短い辺と長い辺の長さの比は１：$\sqrt{2}$ でした。

S　Ａ5判を2つ並べるとＡ4判になります。

S　つまり，Ａ5判の長い辺の長さを１とすると，Ａ4判の長い方の辺は $\sqrt{2}$ になるので，Ａ5判を $\sqrt{2}$ 倍に拡大するとＡ4判になります。

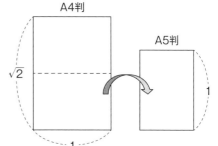

2　Ａ5判とＢ5判の関係から拡大倍率を求める

　Ａ5判とＢ5判の長い辺の長さの関係から拡大倍率を求めさせます。生徒にＡ5判とＢ5判の紙を配付し，操作活動により関係に気付けるようにします。Ａ5判の対角線の長さは，この紙を対角線で2つの直角三角形に切り分け，4つの直角三角形を使って正方形をつくり，その面積を考えることから求めさせます。この学習活動が円滑に進むためには，第1時で方眼を使っていろいろな面積の正方形をつくる活動が十分に行われていることが重要になってきます。

T　次にＡ5判の資料をＢ5判に拡大するための倍率を考えてみましょう。

S　Ａ5判とＢ5判の関係はどうなっているのですか？

T　これからＡ5判とＢ5判の紙を配るので，2枚の紙の長い辺を比べてみてください。

S　Ａ5判を $\sqrt{2}$ 倍するとＡ4判になってしまうので，Ｂ5判がＡ4判よりも小さいことから $\sqrt{2}$ 倍よりも小さい値になることはわかるのですが…

T　2枚の紙をいろいろに動かしてみて，何か気が付くことはありませんか？

※生徒からなかなか出ないようであれば，次のヒントを与える。

（T　Ｂ5判の紙の長い辺の長さとＡ5判の紙のどこかが等しくなっていないでしょうか？）

S　B5判の紙の長い辺の長さとA5判の紙の対角線の長さが
　　等しくなっています。

T　A5判の紙の短い辺を1，長い辺を$\sqrt{2}$として，対角線の
　　長さを求めてみましょう。では，ここから2人1組になり
　　A5判の紙を対角線で分けた2つの直角三角形を持ち寄り，
　　協力して考えましょう。

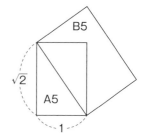

（T　4枚をうまく組み合わせて正方形の形をつくりましょう。中央にすきまができます）

S　4枚の直角三角形を組み合わせて面積3の正方形がつくれました。面積3の正方形の1辺
　　の長さは$\sqrt{3}$になるので，A5判の紙の対角線の長さは$\sqrt{3}$になります。

T　つくった正方形の面積が3であることは，どのように求めたのですか？

S　1つの直角三角形の面積は$1 \times \sqrt{2} \times \dfrac{1}{2} = \dfrac{\sqrt{2}}{2}$で，図のよ

　　うに4つを組み合わせて正方形の形をつくると，中央に正
　　方形ができます。正方形の1辺の長さは$\sqrt{2}-1$になるの
　　で，その面積は$(\sqrt{2}-1)^2$です。したがって，正方形の

　　面積は$\dfrac{\sqrt{2}}{2} \times 4 + (\sqrt{2}-1)^2$となり，これを計算すると

　　3です。

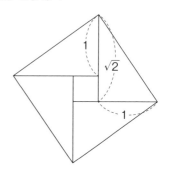

T　A5判の紙の対角線の長さは$\sqrt{3}$になることが明らかになったので，A5判の長い辺の長さ
　　を$\sqrt{2}$とすると，B5判の紙の長い辺の長さが$\sqrt{3}$になることがわかりました。倍率は？

S　$\dfrac{\sqrt{3}}{\sqrt{2}}$です。有理化すると，$\dfrac{\sqrt{6}}{2}$だから…

T　$\sqrt{6}$の近似値は2.44949と示されていますね。

S　2でわると1.224745となるから，小数第2位まで示すと1.22となります。

S　つまり，A5判をB5判に拡大するときに示される倍率は122％です。

T　正解です。求められた人はこれまで学習したことがしっかりと身に付いています。

⑤「主体的に学習に取り組む態度」の評価
　　主体的に学習に取り組む態度の評価をするために，以下の2点の活動を位置付けます。
❶本時の学習を振り返り，新たな問いを見いだし，それを解決するための自主的な学習計画を
　考えて記述する活動
❷自己の学習計画にしたがって，問題解決の過程をレポートにまとめる活動
　　❶については，授業時間の最後に振り返りシートを配付して記述させます。主体的に学習に
取り組む態度を育成するための重要な活動であり，評価場面であると考えます。したがって，

C評価の生徒に対しては個別指導を行い，本時の授業でどのようなことがわかったのかを確認させ，さらに調べられる事柄に気付かせてB評価となるようにします。

評価	評価の視点
「おおむね満足できる」状況（B）	本時で扱った用紙以外の拡大倍率や縮小倍率を調べることを，新たな問いとして記述している。
「十分満足できる」状況（A）	（B）に加え，新たな問いを解決するための学習計画（何を，いつ，どのように行うか）について記述している。

　❷については，❶で見いだした新たな問いを解決し，レポートにまとめたものを提出させます。一定の期間を設定し，生徒が問題解決に取り組める時間を十分に与えます。A評価の中で特に優れたものはクラス全体で共有できるようにすると，目標とする形が明確になり，次回のレポートに向けて生徒の意欲が向上していきます。

評価	評価の視点
「おおむね満足できる」状況（B）	本時で扱った用紙以外の拡大倍率や縮小倍率を，実際のコピー機やインターネット等で調べて，まとめている。
「十分満足できる」状況（A）	本時で扱った用紙以外の拡大倍率や縮小倍率を，自分で求め，実際のコピー機等で確認した過程をまとめている。

・A5判をA4判に拡大するように，ワンサイズ大きくする場合には，拡大倍率141％である。

・A5判をA3判に拡大するように，ツーサイズ大きくする場合には，$\sqrt{2}$ 倍の $\sqrt{2}$ 倍だから，$\sqrt{2} \times \sqrt{2} = 2$ 倍となるので，拡大倍率は200％となる。

・B5判をA4判に拡大するには，それぞれの長い辺が $\sqrt{3}$ と2と表せることから $\dfrac{2}{\sqrt{3}}$

これを有理化して $\dfrac{2\sqrt{3}}{3}$。$\sqrt{3}$ の近似値を利用して計算し，小数第2位まで示すと1.15となり，拡大倍率は115％となる。

・A4判をA5判に縮小するには，拡大倍率の逆数を考えればよいので，$\sqrt{2}$ の逆数 $\dfrac{1}{\sqrt{2}}$

これを有理化して $\dfrac{\sqrt{2}}{2}$，$\sqrt{2}$ の近似値が1.41421356だから2でわると0.70710678。

小数第2位まで示すと0.70となり，縮小倍率は70％となる。

「十分満足できる」状況（A）の記述例

（銀杏　祐三）

3年 数と式

二次方程式

TOI・STORY の「問い」を解決しよう！

1 単元について

①目標

● 二次方程式についての基礎的な概念や原理・法則などを理解するとともに，事象を数学化したり，数学的に解釈したり，数学的に表現・処理したりする技能を身に付ける。

● 文字を用いて数量の関係や法則などを考察し表現することができる。

● 二次方程式について，数学的活動の楽しさや数学のよさを実感して粘り強く考え，数学を生活や学習に生かそうとする態度，問題解決の過程を振り返って評価・改善しようとする態度を身に付ける。

②評価規準

知識・技能	思考・判断・表現	主体的に学習に取り組む態度
・二次方程式の必要性と意味及びその解の意味を理解している。 ・因数分解したり平方の形に変形したりして二次方程式を解くことができる。 ・解の公式を知り，それを使って二次方程式を解くことができる。 ・事象の中の数量やその関係に着目し，二次方程式をつくることができる。	・因数分解や平方根の考えを基にして，二次方程式を解く方法を考察し表現することができる。 ・二次方程式を具体的な場面で活用することができる。	・二次方程式の必要性と意味を考えようとしている。 ・二次方程式について学んだことを生活や学習に生かそうとしている。 ・二次方程式を活用した問題解決の過程を振り返って評価・改善しようとしている。

③指導計画と主な評価の観点

節	時	指導内容	学習内容	主な評価の観点		
				知・技	思・判・表	態度
二次方程式	1	二次方程式とその解	二次方程式とは何だろう	○		
	2	二次方程式の解き方	二次方程式の解き方を考えよう		○	○
	3	因数分解を使った解き方①	因数分解を使って二次方程式を解こう１	○		
	4	因数分解を使った解き方②	因数分解を使って二次方程式を解こう２		○	
	5	平方根の考えを使った解き方①	平方根の考えを使って二次方程式を解こう１	○		
	6	平方根の考えを使った解き方②	平方根の考えを使って二次方程式を解こう２	○		
	7	平方根の考えを使った解き方③	平方根の考えを使って二次方程式を解こう３		○	
	8	二次方程式の解の公式	二次方程式を解くための公式をつくろう		○	
	9	解の公式の利用	解の公式を利用して二次方程式を解こう	○		
	10	計算のまとめ	二次方程式を早く正確に解けるようになろう	○		○
二次方程式の活用	11	二次方程式の利用①	二次方程式を利用して，具体的な問題を解決しよう―数学の世界編―		○	
	12	二次方程式の利用②	二次方程式を利用して，具体的な問題を解決しよう―現実の世界編①―		○	
	13	二次方程式の利用③	二次方程式を利用して，具体的な問題を解決しよう―現実の世界編②―		○	
まとめ	14	単元の振り返り	TOI・STORY の「問い」を解決しよう―二次方程式と解の個数の関係―		○	○
	15	パフォーマンステスト	この単元で学んだことを利用して問題を解こう		○	○

2 「主体的に学習に取り組む態度」の評価事例（第14時）

①概要

　本時は，単元「二次方程式」（全15時間）の第14時に当たります。第13時までに，生徒は基本的な二次方程式の解き方を学習し，その考え方を利用して具体的な場面で問題を解く活動を

行っています。

　本時は，学習を進めていく中で，生徒から「問い」として出された「二次方程式と解の個数の関係」について追究し，単元を通して学習してきたことを使って，問題解決を行います。

②本時の目標と評価規準

目標

　学習してきた二次方程式の考え方を利用して解の個数を判断する活動を通して，問題解決の過程を振り返り，自分の解き方を改善しようとする態度を身に付ける。

評価規準

・二次方程式の解き方を理解し，二次方程式と解の個数の関係を見いだすことができる。
・二次方程式について学んだことを学習に生かそうとしたり，問題解決の過程を振り返り，自分の解き方を改善しようとしたりしている。

③問題

> 解の個数はどうやって判断するの？　どういうときが１つで，どういうときが２つ？
> 解がないときもあるの？
>
> （生徒の TOI・STORY より）

④授業展開

０　本時までの活動

　単元を通して生徒が授業で抱いた「問い（TOI）」を記録する活動をしています。これを「TOI・STORY」と呼んでいます。授業の中での疑問やよくわからなかったこと，不思議に思ったこと，ひっかかったこと，さらに追究したい・考えてみたいことなどを，自分が書きたいと思ったタイミングで記入します。それらの「問い」が単元を通して，ストーリーとしてつながっていくことを期待しています。本時は，生徒の出した「問い」の中から１つを取り上げ，全体で共有し，解決することを目指します。中には，高校の学習へつながる「問い」が生まれることもあり，未解決の「問い」を残すことも有意義な活動であると考えます。

　次ページに示すのが，生徒の TOI・STORY の一例です。裏面には，記録した「問い」に対する答えとして，自身が考えたことを記述します。これを基にして「問い」を共有し，問題解決に取り組みます。今回は，単元終盤での扱いですが，単元中盤で扱うことも可能です。

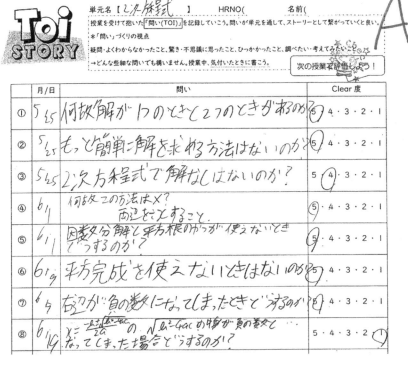

TOI・STORY（生徒の記述）

1　個人で問題解決に取り組む

　本時の課題は，高校数学Ⅰで学習する二次方程式の判別式に関係する内容ですが，必ずしも本時の問題解決で判別式の考え方を用いる必要はありません。これまでに学習してきたことをどのように生かして問題解決に取り組もうとしているか，生徒の様子を観察することを大切にします。

　また，問題解決に取り組む様子を記述から評価することを重視します。ここでは個人解決の時間を15分程度確保し，自身の考えを必ず記入させます。また，単に「問い」が解決できたかどうかを見るのではなく，学んできたことをどう問題解決に生かそうとしているかを見ることを伝え，記述した内容を消さないよう注意させます（授業ではボールペンで記述するように指示しています）。

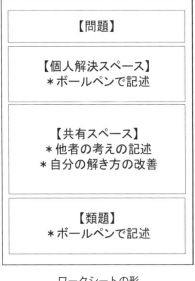

ワークシートの形

2　各自で考えた問題解決の方法を共有し，自分なりの考察を追加する

　ここでは，15分程度の時間を確保し，各自で考えた問題解決の方法を共有します。本時の問

題解決では，具体的な二次方程式を基にして説明する生徒と解の公式を基にして説明する生徒の2通りに分かれることが多いです。さらに解の公式の一部 $\sqrt{b^2 - 4ac}$ に着目する生徒も見られます。自身の考えをよりよいものにするための時間として，他者と意見交換をする時間を十分に確保します。

T　　友だちと考えを自由に共有してください。後ほど，自分のワークシートに取り入れたい考え方を記入したり，自分の記述を改善したりする時間を確保します。

S1　私は，具体的な式で考えてみたよ。$(x + \bigcirc)^2 = 0$ のときは解が1つになって，$(x + \bigcirc)(x + \triangle) = 0$ のときは解が2つになると思う。

S2　確かにその形になれば言えるね。私は，どんな二次方程式でも解の公式で解けるから，解の公式で考えてみたよ。$\sqrt{}$ の中が0になるときが解が1つになると思う。

S1　確かに，具体的な式よりわかりやすい。解がないときはあるのかな？

S3　$x^2 = -1$ みたいなときはできない。2乗して−1になる数はないと思うから…

S2　解の公式で考えると $\sqrt{}$ の中が負の数になると困る…。解がないってことになるのかな？

S1　負の数がポイントになってくるのかな？　今回の問題には関係ないけど，解が3つってことはあり得ないよね？

S3　二次方程式はないと思う。三次方程式ならありそう。

　　他者と意見交流をした後に，自分には無かった考えを記述する時間を10分程度確保します。また，意見共有をすることで自分の記述の改善点に気付かせます。

3　新たな課題を解き，さらに追究したいことを記述する
　　授業の最後には，10分程度で本時に関連する次の課題を解きます。

二次方程式 $x^2 + 3x - b$ が2つの解をもつような b の値を求めなさい。

　　課題解決の方法として，具体的な数値を代入していく方法が考えられます。また，本時の活動で解の公式を用いて解の個数を検討する方法を共有しているため，その方法で解決しようとする生徒も見られます。この課題では，正誤を評価するのではなく問題解決へのアプローチの仕方や今までの学習を生かして，粘り強く考える姿を観察し，評価することを重視します。

⑤「主体的に学習に取り組む態度」の評価
　　本時の評価規準は，「二次方程式について学んだことを学習に生かそうとしたり，問題解決の過程を振り返り，自分の解き方を改善しようとしたりしている」です。このことを評価する

ために，生徒自身が出した「問い」を取り上げ，二次方程式と解の個数の関係を見いだす活動の中で，他者の意見を取り入れる場面や自分の解き方を改善する場面を設定しています。その際の記述を含めて，本時の主体的に学習に取り組む態度の評価につなげていきます。

評価	評価の視点
「おおむね満足できる」 状況（B）	二次方程式の解と個数の関係について，具体例を用いて考察しようとしている。問題解決の過程を振り返り，自分とは異なる他者の考えを共有する中で，自身の考察を検討しようとしている。
「十分満足できる」 状況（A）	二次方程式の解と個数の関係について，一般的な場合も含めて，粘り強く考察しようとしている。また，最後の課題において学習してきたことを生かして，発展的に考えるなど問題解決の過程を振り返ろうとしている。

※本時の振り返り用紙も評価の材料としますが，ここでは省略します。

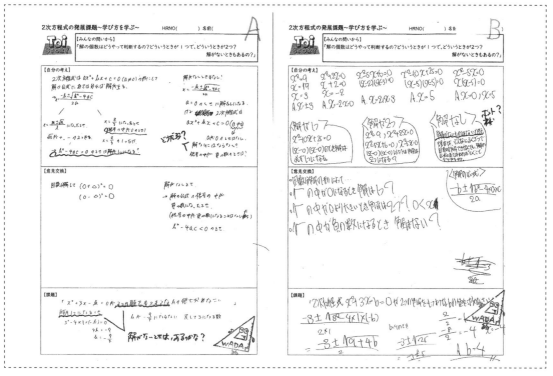

　上の記述例で，左の生徒は，二次方程式の解と個数の関係について，解の公式の考えを用いて考察する姿が見られます。また，他者との意見交換の中で解がないときの考察を深める姿や，最後の課題において本時の内容を生かして考察する姿が見られたため，「十分満足できる」状況（A）と判断しました。右の生徒は，二次方程式の解と個数の関係について，具体例を用いて考察する姿が見られます。途中式には不十分な点がありますが，意図は伝わります。また，他者との意見交換の中で解の公式についても言及できているため，「おおむね満足できる」状況（B）と判断しました。

（和田　勇樹）

関数 $y = ax^2$

実験を通して，関数 $y = ax^2$ の新しい性質を見いだそう！

1 単元について

①目標

●関数 $y = ax^2$ についての基礎的な概念や原理・法則などを理解するとともに，事象を数学化したり，数学的に表現・解釈したり，数学的に表現・処理したりする技能を身に付ける。

●関数関係に着目し，その特徴を表，式，グラフを相互に関連付けて考察することができる。

●関数 $y = ax^2$ について，数学的活動の楽しさや数学のよさを実感して粘り強く考え，数学を生活や学習に生かそうとする態度，問題解決の過程を振り返って評価・改善しようとする態度を身に付ける。

②評価規準

知識・技能	思考・判断・表現	主体的に学習に取り組む態度
・関数 $y = ax^2$ について理解している。 ・事象の中には関数 $y = ax^2$ として捉えられるものがあることを知っている。 ・関数 $y = ax^2$ を表，式，グラフを用いて表現したり，処理したりすることができる。 ・いろいろな事象の中に，関数関係があることを理解している。	・関数 $y = ax^2$ として捉えられる2つの数量について，変化や対応の特徴を見いだし，表，式，グラフを相互に関連付けて考察し表現することができる。 ・関数 $y = ax^2$ を用いて具体的な事象を捉え考察し表現することができる。	・関数 $y = ax^2$ の必要性と意味を考えようとしている。 ・関数 $y = ax^2$ について学んだことを生活や学習に生かそうとしている。 ・関数 $y = ax^2$ を活用した問題解決の過程を振り返って評価・改善しようとしている。

③指導計画と主な評価の観点

節	時	指導内容	学習内容	主な評価の観点		
				知・技	思・判・表	態度
関数 $y = ax^2$	1	落下運動について	バルーンから物を落としたときの速さや距離が時間とともにどのように変化するか調べよう	○		○

	2	関数 $y=ax^2$	関数 $y=ax^2$ の意味を理解しよう	○		
	3	関数 $y=ax^2$ の式	1組の x, y の値の組から，$y=ax^2$ の式を求めよう	○		○
関数 $y=ax^2$ の性質と調べ方	4	関数 $y=ax^2$ のグラフ①	関数 $y=x^2$ のグラフがどのような形になるか調べよう	○		○
	5	関数 $y=ax^2$ のグラフ②	関数 $y=x^2$ のグラフから関数 $y=2x^2$ のグラフをかき，その特徴を調べよう	○	○	
	6	関数 $y=ax^2$ のグラフ③	a の値をいろいろにとって，関数 $y=ax^2$ のグラフの特徴を調べよう	○	○	
	7	関数 $y=ax^2$ の値の変化①	関数 $y=ax^2$ の増減について調べよう	○	○	
	8	関数 $y=ax^2$ の値の変化②	関数 $y=ax^2$ の変化の割合を求めよう	○		○
	9	関数 $y=ax^2$ の値の変化③	関数 $y=ax^2$ の x の変域に対する y の変域を求めよう	○		
	10	関数 $y=ax^2$ の値の変化④	平均の速さを求めよう	○	○	
	11	ここまでの復習	基本の問題を解こう	○	○	
いろいろな関数の利用	12	関数 $y=ax^2$ の利用①	制動距離を求めよう		○	○
	13	関数 $y=ax^2$ の利用②	2つの数量の間の関係を，関数 $y=ax^2$ で捉え，問題を解決しよう	○	○	
	14	関数 $y=ax^2$ の利用③	放物線と直線2つの交点の座標や，2つの交点を通る直線の式を求めよう	○	○	
	15 16	いろいろな関数	事象の中から関数関係を見いだし，その変化や対応の特徴を捉えよう		○	○
	17	関数 $y=ax^2$ の新しい性質を見いだす	実験を通して，関数 $y=ax^2$ の新しい性質を見いだそう		○	○
	18	復習問題を解く	章の問題を解こう	○	○	

2 「主体的に学習に取り組む態度」の評価事例（第17時）

①概要

　本時は，単元「関数 $y=ax^2$」（全18時間）の第17時に当たります。前時までに，一次関数と比較しながら関数 $y=ax^2$ について，その性質や，グラフの特徴，変化の仕方などの学習は終わっています。また，本単元では，自由落下の実験や，振り子の実験等，実験を通して考えさせる学習を多く仕組むようにしました。そうすることで，関数のよさを実感できると考えたからです。

　本時である第17時では，放物線の性質の1つである「焦点」に関する内容を扱います。焦点は高校で学習する内容ですが，中学生でも十分理解することができます。実験なので，グループで協力しないと課題解決できません。さらに，グループで取り組まないと答えが出にくい課題にもなっています。まさに，主体的・対話的で深い学びにふさわしい課題であると言えます。

　最後に，身の回りの放物線の利用として，「パラボラアンテナ」を紹介します。ところが，

家庭用のパラボラアンテナを提示すると，「焦点がずれている」とすぐに生徒は気付きます。すかさず，「なぜずれているのでしょうか？」と問い返します。その理由をレポートにまとめてくるように指示して授業を終えます。このことで，より深い学びも期待できます。

②本時の目標と評価規準
目標
　グループでの実験を通して，今まで学習したことを生かしながら，新しい性質を見いだそうとする態度を身に付ける。

評価規準
・新たな課題に対して，自分なりの考えを述べ，レポートにまとめることができる。
・実験を通して，関数 $y = ax^2$ の新しい性質を見いだそうとし，比例定数と焦点との関係を帰納的に見いだそうとしている。

③問題

　関数 $y = ax^2$ について，光の実験を通して，関数の式と関連付けながら，新しい性質を見いだそう。

---

④授業展開
1　関数 $y = x^2$ で実験し，気付きを共有する
　グループごとに，（曲げることが可能な）ミラーと LED ポインターを使って，y 軸と平行な光がどのように反射して進んでいくか考えます。はじめは，グラフも生徒たちにかかせようと考えましたが，誤差が大きくなってしまうため，今回は GRAPES の web 版を使って，$y = x^2$ のグラフをかいた紙にミラーを合わせて，LED ライトを x 軸と垂直になるように当てて考えさせるようにしました。

T　x 軸と垂直に LED ライトを当ててみましょう。どんなことがわかりますか？　実験なので誤差が出るかもしれませんが，大丈夫です。わかったら先生のところまで報告に来てください。
S　2人でミラーをグラフに合わせて，1人が LED を当てて，1人が記録するようにしよう。
S　ミラーをうまく合わせるのが難しいけど，2人だと何とかなるね。
S　ライトを上手に当てるのも難しい。

S　ワークシートを机の１辺に合わせたり，ワークシートを
　　ノートの上に置いてその辺に合わせたりするとうまくい
　　くよ。

T　うまくライトを当てることができたら，ライトを平行に
　　ずらしてみましょう。

S　あっ，y軸の１点を必ず通る…

　実験なので，多少の誤差が出るのは致し方ないと考えていましたが，ほとんどのグループが「y軸上の0.25を必ず通る」という結果を見いだしていました。0.25を通らないというグループが１つあったので，教師から「ちょっと違うけど，近い値です」と伝えると，もう一度より正確に実験をやり直し0.25を導くことができていました。実験がほぼうまくいった原因は，正確なグラフ（GRAPES）を使ったこと，鏡がグラフの大きさに対して適度な大きさだったこと，鏡の厚みが0.5mmで曲げやすい素材だったことが考えられます。そして，一番の理由は，実験を通して「何か見つけてやるぞ」「みんなでやりとげるぞ」と，生徒の課題に向かう意欲が強かったことがあげられます。ここで，この0.25を「焦点」ということを確認します。

2　別のグラフで同じ実験を行い，どのような関係があるのか予想する

　関数 $y = \frac{1}{2}x^2$，$y = \frac{1}{4}x^2$，$y = \frac{1}{8}x^2$ で，関数 $y = x^2$ のときと同じように実験をします。一度行っているので，スムーズに課題に取り組むことができていました。

T　さっきと同じようにやってみましょう。

S　同じようにすればいいので簡単です。あれっ，今度はさっきと違う値を必ず通るよ。

S　本当だ，全部違う値になるね。

T　そこから，何かわかることはありませんか？

S　表にしてみたらどうかな…

　関数 $y = \frac{1}{2}x^2$，$y = \frac{1}{4}x^2$，$y = \frac{1}{8}x^2$ についても，ほとんど誤差なく焦点を求めることができ，比例定数に着目して，焦点との関係が反比例になることをつかむことができていました。その中で，１グループだけ，「焦点＝比例定数の分母の値×$\frac{1}{4}$」という性質まで見いだすことができていました。

　最後に，放物線の焦点を利用したものとして「パラボラアンテナ」を紹介しました。実際にパラボラの大きな模型を使い，熱を焦点に集める実験を教師が行い，生徒に手を当てさせ，温

かさを感じさせることを行いました。生徒からは，「焦点すごい」「なるほど，焦点に熱や光が集まるんだ」といった驚きの感想が多く聞かれました。そしてレポート課題として次のような課題を出して授業を終えました。

> 電波望遠鏡等で使われるパラボラアンテナと家庭用のパラボラアンテナでは，焦点の位置が異なります。これはなぜでしょうか。

⑤「主体的に学習に取り組む態度」の評価

　本時の主体的に学習に取り組む態度にかかわる評価規準は，「実験を通して，関数 $y = ax^2$ の新しい性質を見いだそうとし，比例定数と焦点との関係を帰納的に見いだそうとしている」です。今回は，「焦点」という高校の学習内容であることと，4つのグラフからだけの予想になっているので，評価場面としては，グループで協力して新しい性質を見いだそうとする活動を位置付けます（授業展開の1，2の場面の両方で評価します）。学んだことを次の学習に生かそうとする態度をはぐくむために重要な活動であり，評価場面であると考えます。

　ポイントとなるのは，1つの発見で終わりとするのではなく，新たな気付きがないか，常に考える姿勢です。反比例の関係だけではなく，関係を式にすることができないか考えること，つまり次の学びへ向かうことができるのかを見ていきます。

　今回は，グループでワークシートを作成させました。この記述内容は記録に残す評価とします。反比例の関係を見いだそうとしていれば「おおむね満足できる」状況（B）と，さらに式化等の他の性質を見いだそうとしていれば「十分満足できる」状況（A）と評価とします。

評価	評価の視点
「おおむね満足できる」状況（B）	比例定数と焦点が，反比例の関係になっていることを見いだそうとしている。
「十分満足できる」状況（A）	比例定数と焦点が，反比例の関係になっていることと，さらに関係式（$a = \frac{1}{4} p$ など）を見いだそうとしている。

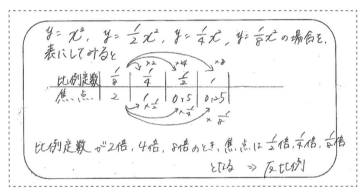

「十分満足できる」状況（A）の記述例

　このグループは，反比例の関係を見いだし，さらに焦点と比例定数の関係する式，$p = \frac{1}{a} \times \frac{1}{4}$を導くことができています。学びを進めている姿勢が見られたので，「十分満足できる」状況（A）と判断しました。

「おおむね満足できる」状況（B）の記述例

　このグループは，協力して「焦点」を発見し，比例定数と焦点の関係を表にかいて，反比例の関係を見いだすことができていました。しかし，次の学びについての記述が見えなかったことから，「おおむね満足できる」状況（B）と判断しました。

　最後のレポート課題の結果については，ここでは割愛しますが，生徒は自分なりに考えたことや調べたことをまとめて取り組んでいました。

　今回のように，実験を取り入れ，「新たな発見」というテーマで授業を行うことで，数学が苦手な生徒も，みんなと協力し楽しみながら数学の本質に迫ることができます。評価はとても難しいですが，生徒が主体的に取り組むことができる授業を1つでも多く仕組むことが，指導と評価の一体化への第一歩ではないでしょうか。これからも一緒に学んでいきましょう。

（溝田　貴章）

3年 図形

相似な図形

図形の性質を統合的に考え，よりよい解決方法を見いだそう！

1 単元について

①目標

● 図形の相似についての基礎的な概念や原理・法則などを理解するとともに，事象を数学化したり，数学的に解釈したり，数学的に表現・処理したりする技能を身に付ける。

● 図形の構成要素の関係に着目し，図形の性質や計量について論理的に考察し表現することができる。

● 図形の相似について，数学的活動の楽しさや数学のよさを実感して粘り強く考え，数学を生活や学習に生かそうとする態度，問題解決の過程を振り返って評価・改善しようとする態度を身に付ける。

②評価規準

知識・技能	思考・判断・表現	主体的に学習に取り組む態度
・平面図形の相似の意味及び三角形の相似条件について理解している。 ・相似な平面図形の相似比と面積比の関係について理解している。 ・基本的な立体の相似の意味及び相似な図形の相似比と面積比や体積比との関係について理解している。	・三角形の相似条件などを基にして図形の基本的な性質を論理的に確かめることができる。 ・平行線と線分の比についての性質を見いだし，それらを確かめることができる。 ・相似な図形の性質を具体的な場面で活用することができる。	・相似な図形の性質の必要性と意味を考えようとしている。 ・図形の相似について学んだことを生活や学習に生かそうとしている。 ・相似な図形の性質を活用した問題解決の過程を振り返って評価・改善しようとしている。

③指導計画と主な評価の観点

節	時	指導内容	学習内容	主な評価の観点		
				知・技	思・判・表	態度
図形と相似	1	縮図と拡大図 相似な図形の性質	縮図や拡大図をかこう 相似な図形の性質を見いだそう	○		○
	2	相似比と比の値	相似比の意味を確認しよう 相似比を比の値で表そう	○		
	3	比の性質	対応する辺の比やとなり合う辺の比が等しいことを利用して，辺の長さを求めよう	○		
	4	三角形の相似条件①	2つの三角形は，どのような場合に相似になるかを考えよう	○		○
	5	三角形の相似条件②	三角形の相似条件を利用して，2つの三角形が相似かどうかを判断しよう		○	
	6 7	三角形の相似条件と証明	三角形の相似条件を利用して，図形の性質を証明しよう		○	
	8	相似の利用	相似を利用して，いろいろな問題に取り組もう	○		
平行線と線分の比	9 10	平行線と線分の比の定理①	3本の平行線に2本の直線を引いて，線分の比が等しいことを説明しよう		○	○
	11	平行線と線分の比の定理②	平行線と線分の比の定理を利用して，線分の長さを求めよう	○		
	12	角の二等分線定理	角の二等分線を引いて，線分の比が等しいことを説明しよう		○	
	13 14	平行線と線分の比の定理の逆	平行線と線分の比の定理の逆が成り立つことを調べよう		○	
	15	中点連結定理①	中点連結定理について説明しよう	○		
	16	中点連結定理②	中点連結定理を利用して，図形の性質を証明しよう		○	
相似な図形の計量	17	相似な図形の面積①	相似な図形の相似比と面積比の関係について説明しよう		○	
	18	相似な図形の面積②	相似比を利用して，図形の面積を求めよう	○		
	19	相似な図形の体積①	相似な立体の相似比と表面積の比の関係について説明しよう		○	
	20	相似な図形の体積②	相似な立体の相似比と体積比の関係について説明しよう		○	
	21	相似な図形の体積③	相似比を利用して，立体の表面積や体積を求めよう	○		
相似の利用	22	縮図の利用①	縮図を利用して，2地点間の距離や高さを求めよう	○		
	23	縮図の利用②	縮図を利用して，校舎の高さを求めよう	○		
	24	章末問題	章のまとめの問題に取り組もう	○	○	○

2 「主体的に学習に取り組む態度」の評価事例（第9時）

①概要

　本時は，単元「相似な図形」（全24時間）の第9時に当たります。前時までに，縮図や拡大図をかくこと，縮図や拡大図を基にした相似な図形の性質，対応する線分の長さの比を相似比とすること，辺の比に注目して辺の長さを求めること，三角形の相似条件を利用して図形の性質を証明することなどを学習しています。

　本時である第9時では，まず3本の平行線に交わるように自分で直線を引き，多様な直線の引き方があることを確認します。その後，既習事項を基にして共通な図形の性質を明らかにしていきます。これまでに学んできた数学を生かそうと粘り強く考える力や，問題解決の過程を振り返り，問題解決に向けてよりよい方法を考え，自らの学習を調整する力を高めていきます。

②本時の目標と評価規準

目標

　既習の相似な三角形に戻して，図形の相似について学んだことを生かそうとする態度や，問題解決の過程を振り返り，問題解決に向けてよりよい方法を考えようとする態度を身に付ける。

評価規準

・多様な直線の引き方があることを確認し，様々なパターンを整理して，共通な図形の性質を見いだして予想する。

・平行線と線分の比についての性質を見いだし，それらをこれまでに学んできたことを生かして，確かめることができる。

・既習の相似な三角形に戻して，図形の相似について学んだことを生かそうとしている。

・問題解決の過程を振り返り，問題解決に向けてよりよい方法を考えようとしている。

③問題

> 　右の図のように，3本の平行線と1本の直線が交わっています。このとき，3本の平行線と交わるように，もう1本直線を引きましょう。
>
> 　また，それぞれの図形を比べて共通な図形の性質を考え，その性質が成り立つ理由を説明しましょう。

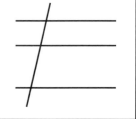

④授業展開

1　実際に直線を引き，成り立つ性質を予想する

　まずは直線の引き方を個人で考え，それぞれのワークシートに直線の引き方を記入させます。その後，ペアまたはグループで交流しながら，あらゆる場合の直線の引き方を見つけていきます。全体で下記の6つの引き方を共有してから，共通の図形の性質を考えさせ，全体で話し合いを展開していきます（生徒がなかなか思いつかない場合には，「辺の長さに注目するとどうなるかな？」といったヒントを出すことも必要だと考えます）。

　実際に生徒からは，以下のような6つの直線の引き方が出されました。

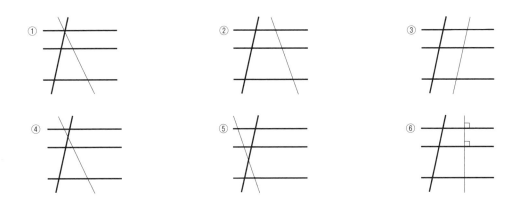

T　共通な図形の性質は何だと思いますか？

S　線分の比が等しいと思います。

T　なぜそう思いますか？

S　長さの比が等しいように見えるからです。

S　③の場合は平行四辺形になっているので，長さが等しいからです。

2　線分の比が等しくなる理由を考える

　線分の比が等しくなるかどうかを全体に投げかけると，ほぼ全員が線分の比が等しいと予想しました。その理由を個人で考えさせると，生徒たちは実測したり，文字を用いて比の和や差に着目したり，補助線を引いたりしていました。しかし，なかなか十分な説明には至らず，個人で解決することは難しい様子でした。そこで，生徒たちが考えた解法に対するアイデアの共有が必要であると判断し，個々のアイデアを全体で共有しました。

T　線分の比が等しい理由をどのように説明しましたか？

S　実際に長さを測って，比を具体的に求めました。

S　それぞれの線分の比を文字で置いて，たしたりひいたりしました。

S　とりあえず補助線をかいてみました。

T　それぞれのアイデアを聞いてもう一度考えてみましょう。

　生徒はもう一度課題に取り組みますが，なかなか解決方法が思いつきません。そこで，教師から補助線の引き方を工夫し，これまでに相似について学んだことを生かすよう助言しました。

S　定規を用いて線を移動し，補助線を平行移動させればいいと思いました。

　この発言を聞いて，「補助線を平行移動させればいい」というアイデアを利用することで，教室中で「どの場合も①に戻して説明できる！」という声が上がり，生徒たちは納得している様子でした。授業後の感想では，「平行移動の大切さを学んだ。辺を動かすというアイデアに驚いた」「教室で勉強したから見えたものが多かった」といった感想が多く見られました。

⑤「主体的に学習に取り組む態度」の評価
　本時の主体的に学習に取り組む態度にかかわる評価規準は，「既習の相似な三角形に戻して，図形の相似について学んだことを生かそうとしている」「問題解決の過程を振り返り，問題解決に向けてよりよい方法を考えようとしている」です。
　このことを評価するために，以下の2点の活動を位置付けます。

❶どのような直線の引き方をしても，直線を平行移動させたり補助線をかいたりすることで，既習の相似な三角形に戻すことができるという，統合的に考える活動
❷問題解決の過程を振り返り，本課題での解決のポイントを記述し，よりよく問題解決する方法はないのかを考えて記述する活動

　❶については，一見バラバラなように見えても，直線を平行移動させることにより，これまでに学んだ図形に戻すことができることを意識させます。つまり，平行移動や平行四辺形の性質，相似な三角形といった，知っている数学を生かそうとしているか，ということを評価の観点と考えます。これは，学んだことを次の学習に生かそうとする態度をはぐくむために重要な活動であり，評価場面であると考えます。
　❷については，本時の授業を振り返り，問題を解決するための重要な視点や，よりよく解決するためのポイント等について，振り返りシートに記述させます。なお，この記述内容は，記録に残す評価とします。
　振り返りシートへの記述は，感想や質問等について授業後に毎時間取り組ませます。単に授業の感想を書かせるだけでなく，「今日の授業のポイント」など，教師から振り返りの視点を

与えることも大切なことだと考えます。また，単元末には生徒の思考の変容がわかるようなレポートにも取り組ませます。授業を経験した後に自己の学びを振り返って記述し，新たな学びに向かうことを繰り返すことで，自己調整する力が高まっていくと考えられます。

　以下は，振り返りシートの記述に対する評価と評価の視点の例です。

評価	評価の視点
「おおむね満足できる」状況（B）	本時の学習を振り返り，問題を解決するための重要な視点等について記述している。
「十分満足できる」状況（A）	（B）に加え，問題をよりよく解決するためのポイント等について具体的に記述している。

　この生徒は，本時の学習で学んだ直線の平行移動の重要性を指摘していますが，新たな問題の解決に向けての具体的な記述が不十分であることから，「おおむね満足できる」状況（B）と判断しました。

「おおむね満足できる」状況（B）の記述例

　この生徒は，本時の学習に照らして，問題解決の重要性を指摘しているだけでなく，問題の解決に向けて，授業で紹介された考え方と比較して，別の視点での既習事項を生かした説明の仕方が書かれていることから，「十分満足できる」状況（A）と判断しました。

「十分満足できる」状況（A）の記述例

【参考文献】
・清水静海他『豊かな思考力を育てる図形と論証』（東京書籍）

（草桶　勇人）

3年 図形

円

円に内接する四角形の性質を解明しよう!

1 単元について

①目標

● 円周角と中心角の関係についての基礎的な概念や原理・法則などを理解するとともに,事象を数学化したり,数学的に解釈したり,数学的に表現・処理したりする技能を身に付ける。

● 図形の構成要素の関係に着目し,図形の性質や計量について論理的に考察し表現することができる。

● 円周角と中心角の関係について,数学的活動の楽しさや数学のよさを実感して粘り強く考え,数学を生活や学習に生かそうとする態度,問題解決の過程を振り返って評価・改善しようとする態度を身に付ける。

②評価規準

知識・技能	思考・判断・表現	主体的に学習に取り組む態度
・円周角と中心角の関係の意味を理解し,それが証明できることを知っている。 ・円周角の定理の逆が成り立つことを知っている。	・円周角と中心角の関係を見いだすことができる。 ・円周角と中心角の関係を具体的な場面で活用することができる。	・円周角と中心角の関係の必要性と意味を考えようとしている。 ・円周角と中心角の関係について学んだことを生活や学習に生かそうとしている。 ・円周角と中心角の関係を活用した問題解決の過程を振り返って評価・改善しようとしている。

③指導計画と主な評価の観点

節	時	指導内容	学習内容	主な評価の観点		
				知・技	思・判・表	態度
円周角の定理	1	円周角と中心角の関係を見いだす	円周角と中心角の大きさについて調べ，円周角と中心角の間に成り立つ関係を予想しよう		○	○
	2	円周角と中心角の関係を証明する	円の中心が円周角の辺上にある場合の証明について理解し，その証明を基にして他の場合について証明しよう	○	○	
	3	円周角の定理を利用する①	円周角の定理を利用し，中心角や円周角の大きさを求めよう。また，中心角や円周角と弧の関係に気付き，それを利用しよう	○	○	
	4	円周角の定理を利用する②	円に内接する四角形の性質を予想し，円周角の定理を利用して証明しよう		○	○
	5	円周角の定理の逆	円周角の定理の逆の意味を理解し，それを利用して4点が同一円周上にあるかを調べよう	○	○	
円周角の定理の活用	6	円周角の定理を利用した図形の性質の証明	円周角の定理を活用し，図形の性質を証明しよう		○	○
	7	円周角の定理と作図	円周角の定理を活用して，円外の1点を通る接線を作図しよう		○	○
	8 9	円周角の定理の具体的な場面への活用	円周角の定理を活用し，円の中心を求めたり，与えられた条件から，地図上のどの位置にいるのかを求めたりしよう		○	○

2 「主体的に学習に取り組む態度」の評価事例（第4時）

①概要

　本時は，単元「円」（全9時間）の第4時に当ります。第3時までに，円周角と中心角の関係を，中心角や円周角の大きさを分度器を用いて測ることで見いだし，二等辺三角形の性質などを利用することで証明できることを学習してきています。また，円周角の定理を利用して簡単な図形について角の大きさを求めることもしてきています。

　本時では，円に内接する四角形について，内角の大きさを求めることを一般化し，円に内接する四角形の性質を予想します。そして，予想した事柄を円周角の定理を利用して，証明することに取り組みます。

②本時の目標と評価規準

目標

　円に内接する四角形の性質を予想し，その予想を円周角の定理を利用して論理的に確かめようとする態度を身に付ける。

・円周角の定理を利用して，円に内接する四角形の内角の大きさを求めることができる。

・円に内接する四角形の性質を予想することができる。

・予想した性質を論理的に確かめるために，円周角と中心角について学んだことを生かそうと
<u>している。</u>

③問題

> 右図のように円に内接する四角形 ABCD に
> ついて，∠BAD ＋∠BCD ＝180°になること
> を証明しなさい。

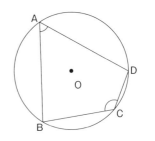

④授業展開

1　円周角の定理を確認する

　図1の (1)，(2)，(3) の問題を提示し，各図中の x を求めさせます。この問題を解決することで円周角の定理を確認します。この問題を最初に扱うことは，次の場面で円に内接する四角形について共通に成り立つ性質を予想することや，予想した性質を論理的に確かめるときに，振り返って解決を促す手立てにもなります。

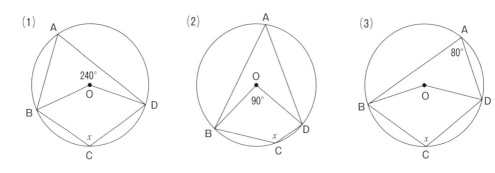

図1　導入場面で扱う問題

2　円に内接する四角形の性質を予想する

　導入場面で解決した3つの確認問題の解決を振り返り，円に内接する四角形の性質を予想し

ます。

T　今解決した3つの問題に共通していることは何でしょう？

S　円の中に四角形 ABCD がある。

T　そうですね。どの四角形 ABCD も円に内接しています。円に内接している四角形に共通
して成り立っていることを見つけられますか？

S　見つかりません。

T　(1)(2)で，∠BAD の大きさは何度になっているか求
めてみましょう。

S　(1)では60°，(2)では45°になっています（図2）。

T　∠BAD の大きさを求めてみて，3つの円に内接して
いる四角形について共通して成り立っていることは何
かわかりますか？

S　3つとも，向かい合ってる∠BAD と∠BCD をたし
たら180°になってる。

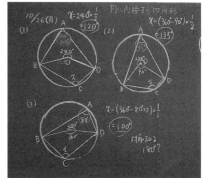

図2

　「この3つ以外の円に内接する四角形についても同じことが言えるだろうか？」と問い，証
明することの必要性を感じさせ，問題へとつなげます。

3　見通しを立てて証明に取り組む

　仮定と結論を確認し，何がわかれば証明できたことになるか，どん
なこと（円周角の定理）が使えそうかを生徒たちの意見を基にして共
有します（図3）。その後，個人解決の時間を取ります。机間指導の
中で，解決に取り組むことができない生徒に対しては，最初に扱った
3つの問題（図1）では，x の値をどのようにして求めたのかを振り
返らせるようにします。そして，証明したいことは最初の問題の x
の角とその対角の和が180°になることであることを確認し，「x を用
いて対角を表すことができないか」を問い，解決を促します。多くの
生徒が解決に取り組むことが難しいようであれば，クラス全体に向け
て同じような指導を行います。解決を促す手立てとしては，証明した
い事柄は「∠BAD ＋∠BCD ＝180°」ですが，記号を読むことが難し
く感じる生徒もいるので，図4のように，∠BAD ＝ x，∠BCD ＝ y
とおいて考えるようにさせることも必要な場合があります。

図3

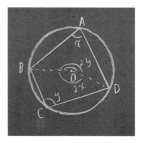

図4

4 解決について共有する

解決について共有します。生徒たちには，自
分が自力解決の際に考えてノートに書いたこと
は消さずに残しておくように指示をするように
します。自分の書いたものを改善する場合には，
消しゴムで消したりしないで，赤ペンなどで行
うように伝えます。証明の仕方には，多様な方
法があります。図5では2通りの方法で解決し
たものを取り上げていますが，$\overset{\frown}{\text{BAD}}$に対する
中心角を x とおいたりして解決するものも考
えられます。そのようなものがあれば，意図的
に取り上げるようにします。

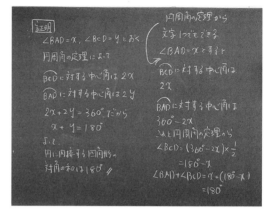

図5

5 解決を振り返り学習のまとめをする

解決を共有した後，学習の振り返りをノートに書かせます。今日の授業で新しく学んだ内容
やどのようにして問題を解決することができたかについて振り返りを書くように促します。

⑤「主体的に学習に取り組む態度」の評価

本時の評価規準は，「予想した性質を論理的に確かめるために，円周角と中心角について学
んだことを生かそうとしている」であり，このことを評価するために，自力解決場面で生徒の
考えをノートに残しておくようにさせます。

解決の共有場面で証明を板書すると，多くの生徒はそれをノートに写します。中には，自分
の解決が間違っているとそれを消しゴムで消して直してしまう生徒もいます。生徒に考えを残
させることは，どのように考えようとしていたのかを知るためにも必要ですが，考えが間違っ
ていたとしてもそのまま残しておくようにすることで，学習を振り返る際に，何を改善すれば
よいかを知るためにも役立ちます。

また，振り返りの場面では，どんなことをどんな方法で学習したかについても振り返らせま
す。授業後に本時の振り返りを書くように指示すると，新たに習得した知識と感想だけしか書
かないような生徒もいます。継続的な指導が必要ですが，どんなことを学んだかと同時に，ど
んな方法で学んだか，どのように考えたことで解決できたか，または，できなかったか，次に
考えるとしたらどんなことを考えるかなども振り返りに書かせるようにしていきます。振り返
りについては，どのような観点から評価するのかを日頃から伝えておくようにすることが重要
です。

どのように考えたかについては，生徒が円周角の定理を使って証明しようとしていたかを見

取ります。円周角の定理を使って証明しようとしていることが読み取れるけれども，証明が正しくない場合には，証明の方向性はよいことを認め，間違えたところを改善するように指導します。

円周角の定理を使って証明しようとしていることが読み取れ，正しく証明できていれば，「十分満足できる」状況（A）（右図）とします。円周角の定理を利用しようとしていることは読み取れるけれども，正しく証明ができなかった場合には「おおむね満足できる」状況（B）とします。

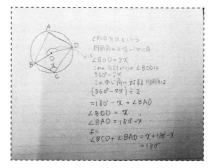

「十分満足できる」状況（A）の記述例

振り返りの記述については，下のルーブリックを基に評価を行います。

評価	評価の視点	生徒の記述
「おおむね満足できる」状況（B）	円周角と中心角の関係を使うことを記述している。	円周角の定理を使ってできた。
「十分満足できる」状況（A）	円周角と中心角の関係をどのように使うかを記述している。	円周角を文字で置くことで中心角をその文字で表す。そして，その中心角を使って，対角を同じ文字を使って表すことで証明できた。

例えば，右のような振り返りは「十分満足できる」状況（A）とします。この生徒は円周角の定理を使えばよいことに気付くとともに，どのように使うかについても理解していると考えることができます。

「十分満足できる」状況（A）の記述例

ノートにおける考え方の記述と振り返りの記述それぞれについてA，B，Cの評定を付けると，AA，AB，BA，BB，BC，CB，CC（BAは考え方の記述はB，振り返りはAの意味）の7通りの場合が考えられます。この2つをまとめてこの単元では，AA，AB，BAはA，BBはB，BC，CB，CCはCの評価としました。これは1つの例なので，BCはBにするということももちろんあり得ます。評価は生徒の点数をつけるためにしているわけではありません。それが生徒たちにどのように受け止められ，どのように学習に生かされるかが大切です。指導から評価へ，評価から指導へといったことをいつも意識しながら授業をしていくことが大切です。

（鈴木　誠）

三平方の定理

三平方の定理の
利用の仕方を見つけよう！

1 単元について

①目標

●三平方の定理についての基礎的な概念や原理・法則などを理解するとともに，事象を数学化したり，数学的に解釈したり，数学的に表現・処理したりする技能を身に付ける。

●図形の構成要素の関係に着目し，図形の性質や計量について論理的に考察し表現することができる。

●三平方の定理について，数学的活動の楽しさや数学のよさを実感して粘り強く考え，数学を生活や学習に生かそうとする態度，問題解決の過程を振り返って評価・改善しようとする態度を身に付ける。

②評価規準

知識・技能	思考・判断・表現	主体的に学習に取り組む態度
・三平方の定理の意味を理解し，それが証明できることを知っている。 ・三平方の定理を利用して，直角三角形の辺の長さを求めることができる。 ・三平方の定理の逆が成り立つことを知っている。	・三平方の定理を見いだすことができる。 ・三平方の定理を具体的な場面で活用することができる。	・三平方の定理の必要性と意味を考えようとしている。 ・三平方の定理について学んだことを生活や学習に生かそうとしている。 ・三平方の定理を活用した問題解決の過程を振り返って評価・改善しようとしている。

③指導計画と主な評価の観点

節	時	指導内容	学習内容	主な評価の観点		
				知・技	思・判・表	態度
三平方の定理	1	3つの正方形の面積の関係	直角三角形の各辺を1辺とする3つの正方形の面積の間に成り立つ関係を見いだそう	○		○

	2	三平方の定理の証明	三平方の定理を証明しよう		○	○
	3	三平方の定理の逆	三平方の定理の逆が成り立つかを調べてみよう	○		
三平方の定理の利用	4	三平方の定理の利用①	三平方の定理を利用して，具体的な場面で知りたい部分の長さを求めよう		○	○
	5	三平方の定理の利用②	三平方の定理を利用して，正方形の対角線や正三角形の高さなどを求めよう	○		
	6	三平方の定理の利用③	特別な直角三角形の3辺の比を利用して，具体的な場面で知りたい部分の長さを求めよう	○		
	7	三平方の定理の利用④	三角形の定理を利用して，平面図形のいろいろな長さを求めよう	○	○	
	8	三平方の定理の利用⑤	三平方の定理を利用して，空間図形のいろいろな長さを求めよう	○	○	
いろいろな問題	9	三平方の定理の活用①	富士山が見える範囲を調べよう		○	○
	10	三平方の定理の活用②	直方体に糸をかけるときの最短の長さを調べてみよう		○	○
	11	三平方の定理の活用③	長方形の紙を折ってできる図形の線分の長さを求めよう		○	○
	12	単元の振り返り	単元で学習したことを振り返ろう	○		○
	13	単元テスト	単元で学習したことを振り返ろう	○	○	

2 「主体的に学習に取り組む態度」の評価事例（第4時）

①概要

　本時は，単元「三平方の定理」の第4時に当たります。前小単元「三平方の定理」では，直角三角形の2辺の長さがわかっているとき，三平方の定理を使って残りの辺の長さを求めることができることや，3辺の長さがわかっているとき，実際に三角形をかかなくても直角三角形かどうかを判断することができることという三平方の定理の逆について学習しています。小単元「三平方の定理の利用」の第1時である本時では，前時までの学習を受け，図形の中に直角三角形を見いだせば，三平方の定理を利用して問題を解決できることを通して，三平方の定理のよさを実感させることを目的としています。今後の問題解決の場面で，三平方の定理を活用しようとする態度を養うためのきっかけとなる授業です。

②本時の目標と評価規準

目標

　図形の中に直角三角形を見いだし，三平方の定理を利用して問題を解決しようとする態度を身に付ける。

評価規準

・三平方の定理を利用し，三角形の高さ求めることができる。

・それぞれの三角形の面積を比較することができる。

・３辺の長さがわかれば，三角形の高さが求められることを説明することができる。

・三平方の定理を利用して問題解決を図ろうとしている。

③問題

> 　周の長さの合計が24cmの三角形をつくりたいと考えています。
>
> 　３辺の長さの組合せが，（10cm，４cm，10cm），（８cm，８cm，８cm），（８cm，６cm，10cm），（５cm，８cm，11cm），（４cm，８cm，12cm）の５つの場合を考えました。どの三角形の面積が一番大きいでしょうか。

④授業展開

1　問題を把握し，解決の見通しをもつ

　本時は三角形の面積を求め，その大きさを比較するという流れであることを伝えます。

T　周の長さの合計が24cmの三角形をつくりたいと考えているのですが，３辺の長さを何cmに設定しても，三角形の面積は変わりませんか？

S　３辺の長さによって面積は変わると思います。

T　それでは，周の長さの合計が24cmの三角形として，５つの場合を考えてみましょう。（10cm，４cm，10cm），（８cm，８cm，８cm），（８cm，６cm，10cm），（５cm，８cm，11cm），（４cm，８cm，12cm）の５つですが，どの三角形の面積が一番大きいでしょうか？

S　（８cm，８cm，８cm）が正三角形だから，面積が一番大きくなるのではないかな。

T　（８cm，８cm，８cm）の三角形の面積が一番大きいということを，どのようにして説明しますか？

S　５つの面積を求めて比べたらいいのではないかな。

T　なるほど。では，まずは（８cm，８cm，８cm）の正三角形の面積を求めてみましょう。

　5つの組合せを提示し，「それぞれの面積を求めて比べればよい」という考えを引き出します。その後，「正三角形の面積を求めること」について一緒に考えていくこととします。

2　正三角形の面積を求めるために高さを調べる

T　まずは3辺が（8 cm，8 cm，8 cm）の正三角形の面積を求めてみましょう。この正三角形の面積は求められそうですか？

S　（8 cm，8 cm，8 cm）の正三角形をかいて，高さを測れば求められます。

T　なるほど。高さがわからないので測ってみるという方法ですね。でも，その方法だと，高さのおよその値しかわかりませんね。測らずに高さを正確に求める方法はないでしょうか？

　高さを実測するという方法が出てくることが予想されます。この方法を認めつつ，この授業では正確に高さを調べ，面積を求めたいことを伝えます。正三角形の略図を板書し，高さが図のどこにあたるのかを色をつけて示すことが，三平方の定理を利用することを気付かせる手立てとなります。また，生徒が三平方の定理を利用することに気付いた後は，正三角形の内部にある直角三角形を色づけし，どのように利用するのかを確認します。

T　高さは，三平方の定理を利用すると求められますね。それでは，三平方の定理を利用して高さを求め，正三角形の面積を求めてみましょう。

　その後，正三角形の面積$16\sqrt{3}$ cm^{2}と，面積を求めるまでのプロセスをペアで確認させます。板書を利用してプロセスを確認させるとよいでしょう。

3　正三角形の解決方法を他の三角形に適用し，それぞれの面積を求める

　正三角形の面積を求めるプロセスを参考にし，ペアで分担して残りの4つの三角形の面積を求めるように指示をします。

　（10cm，4 cm，10cm）の二等辺三角形の場合，正三角形の面積と同様の手順で面積$8\sqrt{6}$ cm^{2}が求まります。（8 cm，6 cm，10cm）の三角形は，前時に学習した「三平方の定理の逆」が成り立つため，直角三角形であることに気付き，面積24cm^{2}を容易に求めることができます。また，（4 cm，8 cm，12cm）の組合せは三角形が成り立ちません。「なぜ三角形にならないのだろうか？」と問い，その理由を説明する場を設けるとよいでしょう。

　（5 cm，8 cm，11cm）の三角形は，正三角形の面積を求めるプロセスがそのままでは適用できません。次ページの図のように文字を置き，左右の直角三角形で三平方の定理を利用し，連立方程式を解くことで高さを求めることになります。正三角形のときの方法をさらに工夫させ

る必要があり，時間をかけて丁寧に扱うことが重要です。

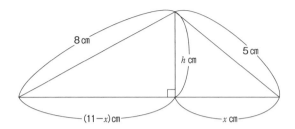

　その後は面積を比較し，正三角形の場合の面積が一番大きくなることを確認します。

4　ポイントを振り返り，ノートに整理する

　ノート全体を俯瞰して見直す場面を5分間程度設定し，授業全体の振り返りをさせます。このとき，問題解決ができた（三角形の高さを求めることができた，面積を求めることができた）かどうかだけでなく，「どのようなプロセスで問題解決を行ったのか」「そのプロセスで重要であったことは何か」について振り返りをさせ，色づけをさせたり，コメントを書き加えたりさせます。その後，ペアで上記の2つの視点で振り返りをさせます。ペアでの振り返り後にさらにノートを整理する生徒もいます。このような授業を繰り返し，ノート全体を俯瞰して見直すことが習慣化されるとよいでしょう。

⑤「主体的に学習に取り組む態度」の評価

　本時の評価規準は「三平方の定理を利用して問題解決を図ろうとしている」であり，このことを評価するために，図形の中に直角三角形を見いだし，三平方の定理を利用して必要な部分の長さを求めて問題解決を図るという場面を設定しています。特に，正三角形で問題解決に至ったプロセスが，二等辺三角形や他の三角形でも適用できるか，適用できない場合はどのような工夫をすればよいかを考える場面に重点を置いて指導を行います。

　今後の「三平方の定理を活用して問題解決を図る」態度を養うためには，まずは「直角三角形を見いだせば，三平方を利用することができる」という考えが重要となります。本時では，まず正三角形を提示し，「高さがわかれば面積を求めることができる」ということから「高さを求めるにはどうすればよいのか」へと問題を焦点化させていきます。正三角形の中に高さを書き込むことで正三角形の内部にある直角三角形が浮かび上がり，三平方の定理を利用することに気付くことができます。このような経験が，今後の「三平方の定理を活用して問題解決を図る」態度につながります。そして，授業の終わりには，授業全体を振り返り「どのようなプロセスで問題解決を行ったのか」「そのプロセスで重要であったことは何か」について記述させ，評価を行います。

　例えば，「三平方の定理を使えばよい」という記述の場合，問題解決のスタートから三平方

の定理が利用できていたわけではないため，三平方の定理を使うために何が重要であったかが書かれていません。このような記述では「おおむね満足できる」状況（B）とは言えません。この場合は，「与えられた三角形にはどこにも直角三角形がなかったけれど，どうして三平方の定理が使えたのですか？」と問いかけ，最も重要な視点である「直角三角形を見いだせばよい」を言語化させます。それを記述することで，「おおむね満足できる」状況（B）となります。

　この授業は「三平方の定理の活用」につながるため，そのための視点「直角三角形を見いだす」はすべての生徒が記述できるような指導が重要です。

　以下は，生徒のノートの記述例に対する評価と評価の視点の例です。

評価	評価の視点	生徒の記述
「おおむね満足できる」状況（B）	三平方の定理を利用するための方法を記述している。	図形の中に直角三角形を見つけることで，三平方の定理を使うことができる。
「十分満足できる」状況（A）	3辺が5㎝，8㎝，11㎝の三角形のように二次方程式を活用する方法についても注意点を記述している。	3辺が5㎝，8㎝，11㎝のような三角形の場合，直角三角形を2つつくり，2種類の文字を使ってそれぞれで三平方の定理を立式する。その後，連立方程式として解くと，高さを求めることができる。

　右の生徒は，最初の記述では計算過程を色で囲み，「ここ大事！」と記述しているだけでした。生徒自身はポイントをつかんでいるのかもしれませんが，このままでは「何が大事であったのか」が記述されていないため，「十分満足できる」状況（A）とは判断が難しいと考えました。

　そこで「大事なこととは具体的には何ですか？」と問いかけ，「文字を2つ使うこと」「別々に三平方の定理を使って式を立てること」を引き出して，それを記述するように指示をしました。その後確認したところ，具体的に気を付けるポイントの記述があったため，「十分満足できる」状況（A）と判断しました。

「十分満足できる」状況（A）の記述例

　このように，具体性に欠ける記述は生徒の日々のノートに多く見られます。「ここ大事！」のような記述を授業では何度も取り上げ，視点を示しながら，具体的に記述することを繰り返し指導することが重要であると考えます。

（石井　岳文）

標本調査

なるべく楽して
よい結果を得よう！

1 単元について

①目標

●標本調査についての基礎的な概念や原理・法則などを理解するとともに，事象を数学化した
り，数学的に解釈したり，数学的に表現・処理したりする技能を身に付ける。

●標本と母集団の関係に着目し，母集団の傾向を推定し判断したり，調査の方法や結果を批判
的に考察したりすることができる。

●標本調査について，数学的活動の楽しさや数学のよさを実感して粘り強く考え，数学を生活
や学習に生かそうとする態度，問題解決の過程を振り返って評価・改善しようとする態度を
身に付ける。また，できるだけ手間をかけずに標本調査を行うために，適切な標本の大きさ
がどのくらいかについて粘り強く考え，予想を立てようとする態度を身に付ける。

②評価規準

知識・技能	思考・判断・表現	主体的に学習に取り組む態度
・標本調査の必要性と意味を理解している。 ・コンピュータなどの情報手段を用いるなどして無作為に標本を取り出し，整理することができる。	・標本調査の方法や結果を批判的に考察し表現することができる。 ・簡単な場合について標本調査を行い，母集団の傾向を推定し判断することができる。	・標本調査の必要性と意味を考えようとしている。 ・標本調査について学んだことを生活や学習に生かそうとしている。 ・標本調査を活用した問題解決の過程を振り返って評価・改善しようとしたり，多面的に捉え考えようとしたりしている。 ・適切な標本の大きさがどのくらいかということについて粘り強く考え，予想を立てようとしている。

③指導計画と主な評価の観点

節	時	指導内容	学習内容	主な評価の観点		
				知・技	思・判・表	態度
標本調査	1	全数調査 標本調査 母集団と標本 データ 無作為に抽出する	「中学生のスマートフォン所持率」などは，どのように調査しているのか考えよう		○	○
	2		第1時に考えたことを発表し合い，様々な調査方法があることを知ろう	○	○	
	3		全数調査の例と標本調査の例を，身の回りから探してみよう		○	○
	4		教科書などの練習問題に取り組み，学習内容の確認をしよう	○		
	5	標本調査の必要性 標本の大きさ	ちょうどよい標本の大きさはどれくらいなのか考えよう		○	○
	6		碁石の実験結果と，第1時で考えたことを比較して，適切な標本の大きさの決め方について予想しよう		○	○

2 「主体的に学習に取り組む態度」の評価事例（第5，6時）

①概要

　本時は，単元「標本調査」（全6時間）の第5，6時に当たります。第4時までに，標本調査に関係する知識や，身の回りで活用されている場面について学習しています。

　本時である第5，6時では，はじめに母集団の大きさに対する標本の大きさが大きいほど調査の精度が上がることや，標本の大きさが極端に小さい場合には，調査の信憑性がなくなることを直観的に確認しました。その後，生徒から「ちょうどよい大きさの標本はどのくらいなのだろうか」という問いを引き出しました。この問いを解決するために，白と黒の碁石が合わせて1000個ほど入った袋を用意し，袋の中に入った白と黒の碁石の割合がどのくらいであるかを予想する活動をしました。前時までに扱った，身の回りで標本調査が活用されている事例における標本の大きさと，本時に自分たちで予想した結果とを比較・検討したくなる場面を意図的に演出することで，学習の過程を振り返ったり，自らの学習を調整したりする力を高めていきます。

②本時の目標と評価規準

目標

　自分たちで立てた予想を確かめるために，実験したり結果を考察したりすることを通して，

根拠をもって説明しようとする態度を身に付ける。

評価規準

・標本の大きさは，ある程度大きくなると，それ以上大きくしても，労力に見合った精度の高い結果を得られなくなることを見いだすことができる。

・見いだしたことについて，実験の結果などを基に，根拠をもって説明することができる。

・予想を確かめるために，過去の学習を想起したり，実験に粘り強く取り組んだりしようとしている。

③問題

袋の中に，白と黒の碁石がたくさん入っています。

白と黒の碁石の数の割合を推定しましょう。

---

④授業展開

1　与えられた問題を解決する

　問題提示の場面でつまずくと，つまずいた生徒は授業に参加できないことになってしまいます。参加できない生徒がいないようにするために，教師から提示する問題は，クラスの生徒全員が意味を理解できるものにすることが重要です。

T　これから，たくさんの碁石を配ります。班の人たちで協力して白と黒の碁石の数の割合を求めてください。

S　全部でいくつ入っているのですか？

T　わかりません。

S　それぞれの班に配られる碁石の，白と黒の割合は同じですか？

T　同じかもしれませんし，違うかもしれません。

　提示した問題は，いざとなれば全部数えればわかるだろうとどの生徒も理解できます。しかし，全部数えるのは大変なので，生徒は既習である標本調査を活用しようとしました。教師は何も指示をしていません。班ごとに標本の大きさを決め，調査を始めました。

2　解決の過程を振り返り，新たな問いを見いだす

　母集団である碁石は班ごとに総数も割合もまちまちですから，その結果を見ても正しいかどうかを判断することができません。しばらくすると，生徒の関心は当初の問題の答えではなく標本の大きさをどのくらいに設定したのかということに向かってきます。そこで，「標本の大きさ，いくつにした？」といった生徒の会話を拾い，全体で共有しました。

　このように，解決の過程を振り返ることで，生徒は「標本の大きさはどのくらいに設定するとよいのだろうか？」という新たな問いを見いだすことができました。

3　新たな問いについて予想を立て，その予想を確かめる

　新たな課題「標本の大きさはどのくらいに設定するとよいのだろうか？」を解決するために，まずは班ごとにどのくらいの大きさの標本が適切なのだろうかということについて予想を立てます。すでに行った実験では，はじめは10個，次は20個，30個，…と徐々に標本を大きくしていきました。調査結果がある値（真の値）に収束していくであろうと予想し，最終的には全数調査まで行いました。全数調査の結果は真の値ですから，それぞれの班での，真の値からの誤差が少ないとみなせる結果が得られた標本の大きさを共有します。はじめに立てた予想と比較，検討し考えたことをまとめます。

4　自分たちが考察したことについて，根拠をもって説明する

　生徒は実験の結果を見て，ある程度の大きさの標本であれば，かなり正確な調査結果が得られることに気付きます。班ごとに結果を発表し，教師は生徒の発言を拾いながら，次のように板書にまとめました。

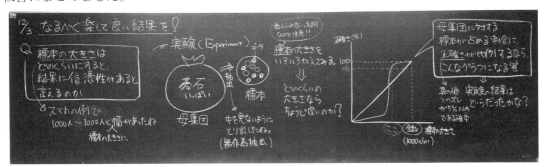

実際の板書

5　活動中に考えたことなどを，振り返りシートに記入する

　振り返りシートは，次ページのようなものを使っています。生徒は，このシートに自由に振り返りを記入します。

①白紙の短辺にパンチ穴をあけておく。

②3回折りたたんで広げる。

③8つに分かれた区画のうちの1つに名前などを書く。

④裏も合わせて16区画（1つは③で名前などを書くので、実質は15区画）のうち1区画を1回の授業の分として、授業の振り返りを記入する。

3章　1次方程式
1年○組△番
中島　優

⑤「主体的に学習に取り組む態度」の評価

　主体的に学習に取り組む態度の評価は、「粘り強い取組を行おうとしている」側面と「自らの学習を調整しようとする」側面からなされるものとされています。このことを筆者なりに解釈し、生徒に例えば、次のようなことを振り返りシートにかく※よう指導しました（※図やグラフなどをかくこともあるので、これ以降あえて「かく」としています）。

1　試行錯誤の過程の具体的な記述

2　問題解決の過程で判断したことの根拠も含めた記述

3　解決したことが基になって生じた新たな問いについての記述

4　問題解決のために必要だった過去の学習内容についての記述

5　自分と他者の考えたことについての比較・検討

6　自分が間違えた原因についての分析・考察

振り返りシートにかくことの例

　ルーブリックを具体的に示した方が、教師が評価する際の方向性は付けやすくなります。しかし、あまりにも具体的なルーブリックを示すことは、ともすると生徒の個性を方向付けること、即ち主体的に学習に取り組む態度がよい状態の定義を示すことになってしまいます。もっといえば、想定外の優れたアイデアなどを適切に評価できなくなってしまう可能性があります。

11、12月3日(木)
とにかく楽しかった。授業の内容にはあまり関係ないが、効率よく石を数えられるようになりたいなと思った。また、5個のときに一番確率が近かったことにおどろいた。

「おおむね満足できる」状況（B）の記述例

そこで，生徒に説明するときには，「振り返りシートにかくことの例」の1〜6はあくまでも例であることを強調し，自分が考えたことを自分なりの方法で自由にかくように指導します。

　前ページで示した生徒の例からは，この「振り返りシートにかくことの例」にあたる記述は確認できません。しかし，実験に粘り強く取り組み，その結果を考察したことは読み取れますから，「おおむね満足できる」状況（B）であるといってよいでしょう。

　主体的に学習に取り組む態度が「十分満足できる」状況（A）の生徒は，授業中でも授業外でも，自分が自由にできる時間を数学の学習のために適切に使えているように思います。本時であれば，過去に学習した「比例」を想起し，標本の大きさが2倍，3倍となれば，その調査結果も2倍，3倍の精度になるのではないかと予想し，実験をした生徒がいた場合，その生徒は，「標本の大きさと，調査結果の精度は比例の関係にあると思っていたけれど，実験を通してそうではないことがわかった」などとかくかもしれません。これは「4　問題解決のために必要だった過去の学習内容についての記述」にあてはまるでしょう。これは，自分の過去の学習を適切に振り返るために授業の時間を活用したといえます。

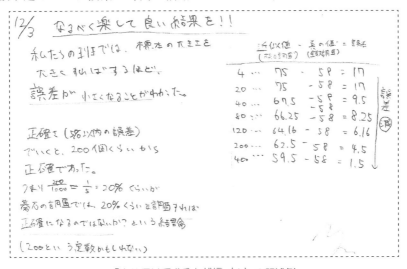

「十分満足できる」状況（A）の記述例

　この記述で筆者が最も評価したいと考えたのは，最下部にある「200という定数かもしれない」の部分です。実験の結果，分析したことをかいた後，新たにわいた疑問，予想についての記述と読み取れます。念のためこの生徒にインタビューしたところ，この生徒は第1時に行った「中学生のスマートフォン所持率調査」についての考察で，その調査の標本の大きさが400弱しかなかったことを思い出したとのことでした。スマートフォン所持率調査のときには全国の中学生に対する400人分のデータ，今回は1000個に対する200個ですから，その割合に大きな差があることは明白でしょう。このように考えて，母集団の大きさにかかわらず，200程度の大きさの標本が適切なのではないかと思ったのだそうです。これを筆者は「3　解決したことが基になって生じた新たな問いについての記述」と判断しました。　　　　　（中島　　優）

【執筆者一覧】 （執筆順，所属は執筆当時）

清水　宏幸 （山梨大学）

大友　正純 （秋田市立秋田東中学校）

新井　健使 （東京学芸大学附属国際中等教育学校）

若松　拓郎 （北海道教育庁オホーツク教育局）

大川　哲史 （沖縄県立開邦中学校・高等学校）

山脇　雅也 （鳥取市立福部未来学園）

小野田啓子 （東京学芸大学附属竹早中学校）

菅原　　大 （北海道教育大学附属旭川中学校）

小岩　　大 （東京学芸大学附属竹早中学校）

柳沢　哲士 （神奈川県横浜市立豊田中学校）

松尾　賢宏 （東京都杉並区立高井戸中学校）

和田　勇樹 （静岡県立清水南高等学校中等部）

小林　　廉 （東京学芸大学附属国際中等教育学校）

赤本　純基 （北海道教育大学附属釧路義務教育学校後期課程）

峰野　宏祐 （桐蔭横浜大学スポーツ健康政策学部）

三戸　　学 （秋田県五城目町立五城目第一中学校）

銀杏　祐三 （東京都立川市立立川第七中学校）

溝田　貴章 （佐賀市立川副中学校）

草桶　勇人 （福井市川西中学校）

鈴木　　誠 （常葉大学教育学部）

石井　岳文 （山口県周南市立熊毛中学校）

中島　　優 （神奈川県横浜市立横浜サイエンスフロンティア高等学校附属中学校）

【編者紹介】
『数学教育』編集部
（すうがくきょういくへんしゅうぶ）

月刊『数学教育』

毎月12日発売

教育雑誌を読むなら
定期購読が、こんなにお得

 年間購読料が２か月分無料
月刊誌の年間購読（１２冊）を１０か月分の料金でお届けします。
＊隔月誌・季刊誌・臨時増刊号は対象外です。

 雑誌のデータ版を無料閲覧
紙版発売の１か月後に購読雑誌のデータ版を閲覧いただけます。
＊定期購読契約いただいた号よりご利用いただけます。

中学校数学
「主体的に学習に取り組む態度」の学習評価
完全ガイドブック

2022年６月初版第１刷刊　©編者『数学教育』編集部
　　　　　　　　　　発行者　藤　原　光　政
　　　　　　　　　　発行所　明治図書出版株式会社
　　　　　　　　　　　　　　http://www.meijitosho.co.jp
　　　　　　　　　　（企画）矢口郁雄（校正）大内奈々子
　　　　　　　　　　〒114-0023　　東京都北区滝野川7-46-1
　　　　　　　　　　振替00160-5-151318　電話03(5907)6701
　　　　　　　　　　　　　　ご注文窓口　電話03(5907)6668
＊検印省略　　　　　組版所　藤　原　印　刷　株　式　会　社

Printed in Japan　　　　　　ISBN978-4-18-231927-3
もれなくクーポンがもらえる！読者アンケートはこちらから
→

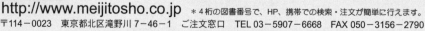